New Bible of

Chain Store

規模拡大、組織、数値、店づくり、商品構成まで

チェーンストアの教科書

日本リテイリングセンター
シニア・コンサルタント
桜井 多恵子

ダイヤモンド社

本書は『ダイヤモンド・チェーンストア』（ダイヤモンド・リテイルメディア）
2014年1月1日号～2019年5月1日号まで連載された
連載『中堅社員のためのチェーンストア理論』『チェーンストア理論入門』を
全面的に加筆・再構成したものである。
一部に『販売革新』（商業界）への寄稿記事も収録してある。

はじめに

新たな通信システム「5G」が導入されようとしている今日、全世界、全産業界を巻き込む第四次産業革命は歴史的なスピードで進化する。新技術の複合体が創出するバリューは計り知れないのだ。ところがいまだに現場の従業員の努力で企業規模を拡大できると信じている経営陣が日本の流通業には少なからず存在する。

終身雇用制が崩壊し、人材の流動性が高くなった今日、製造業から流通業に転職する例は増えているが、その転職組がわが業界で最初に受けるカルチャーショックは「設備投資なしでも従業者の工夫で売上は伸ばせる」という風潮だという。製造業で企業規模拡大を考えるなら「何にいくら設備投資するか」しかない。新製品の開発にかかる研究開発費と新しい機械設備費と教育費予算がない限り、規模拡大の武器となる新製品が生まれることはないのだ。

それは流通業でも理屈は同じで設備投資なしで企業規模が拡大することはないのである。ところが流通業で設備投資と言えば新店と物流センターしか考えない。それを有効なものにするにはより良い立地、設備、商品部門構成、適切な店舗規模の確定、オペレーションシステムなどの方法を決定するための調査研究費が必要だがその予算設定はない。専門家の意見を聞くためのコンサルティング費も必要なはずだがその予算は少なすぎる。また、それらの業務を司る人材を育成するための教育費も十分な予算設定がないことが多いのだ。担当者に新技術の知識は与えられていないから、例えばコンピューター入れ換えの際は納入業者の言いなりになる。その結果必要なデータを入手するのにその都度加工作業が生じるのだ。よってその後10年間、膨大な人件費がかかり続ける。

ガンバリズムだけで人手不足を乗り切ろうとするのも、新たな競争相手が出現しているのにフォーマットの再編が進まないのも、安売り合戦で荒利益率が減る一方なのに商品開発が進まないのも、すべては改革のための予算の設定と人材育成がないからである。

第4次産業革命の恩恵を受けられないまま、取り残されることは避けなければならない。今はチェーンストア経営システム構築に全力を注ぐべきである。そのための予算設定と人材育成が成否を分けることになるのだ。40歳以上の幹部を中心にテーマ別のプロジェクトチームを複数編成し、予算を割り当ててから、改革を進めるべきである。

応急処置もシステム構築もそれらを実行するのは人である。予算だけ与えても方法を知らなければ先に進めない。したがって幹部の再教育が不可欠である。多くの企業が4年制大学の新卒定期採用をし続けてきたのだから十分な人材は確保している。問題なのは教育をしていないことである。教育カリキュラムが編成され、実行されていたとしても、その内容は支店経営が前提なら使えない。本書で繰り返し述べるがチェーンストア経営システムでなければ規模の利益を享受することはなく、競争に負けるのだ。だから本物のチェーンストアになるために自らが変わらねばならない。数多い人材が分業して組織力を生かして改革に臨むのである。

そこでトップマネジメントと改革プロジェクトを担当する人は本書を読んで10年計画を立案してほしい。本書は流通業初心者向けにわかりやすく書いたつもりだからもちろん彼らに読んでもらいたいのだが、決定権を持っている人々に内容を理解して主導権を取ってもらわないと階層が下の人では現状を変えることはできないからである。支店経営とチェーンストア経営の違いは一言で言えば前者は「属人的知識依存型」であり、後者は「組織とシステムを洗練させ続ける」ことで規模の利益を享受するのである。

年号は令和に代わったが平成の30年間に何かが進化しただろうか。フォーマットも企業も昭和のまま、平成を飛び越えて令和に至っている。未だに昭和の商品を昭和の売り方で押し通している。変革は現状否定から始まるのである。

我々の活動の目的はただ一つ、大衆の日常生活の質をアメリカや欧州のチェーンストア先進国並みに引き上げることである。今世紀に入るころには肩を並べる目論見だったのが遅れている。２０２０年になった今、２０３０年までの10年間が勝敗を分けることになるだろう。

２０２０年2月

桜井多恵子

チェーンストアの教科書　目次

第1章

チェーンストアとは

日本のチェーンストア志向の始まり

13人の経営者から始まった「ペガサスクラブ」

日本における商業革新の志はまだ浅い。製造業の分野では1877年に日本の産業革命が開幕し、約100年かけて飛躍的な発展を遂げたが、流通革命は開始が遅れた。1962年の「ペガサスクラブ」結成以来、〝チェーンストア産業化〟をめざしたが、未だ目的は達成していない。したがって日本の製造業は世界屈指の技術を誇るが、流通業の進化は遅れに遅れて欧米先進国から大きく水をあけられている。

ペガサスクラブとは、欧米で確立されたチェーンストア経営システムを、日本の流通業に導入して産業化するビジョンを実現するための勉強会である。読売新聞の経済記者だった故・渥美俊一（1926―2010年）がビジョンの骨子をつくり、全国の小売業経営者約1000人を取材訪問し、チェーンストア産業化のビジョンの実現を説得した。そのうち同ビジョンに賛同した13人の経営者が結集し、そこから商業革新運動が始まったのだ。それまでの小売業は単独店あるいは数店の支店を持つだけの零細企業だったのである。

図表1はペガサスクラブの結成当時の主なメンバーと、各社の規模を示している。今日では売上高8兆円を越え国内最大の規模を誇るイオングループは、当時岡田屋として3店、年商18億円だった。その後、勉強会結成以来の同志、マイカルを合併しダイエーを子会社化して今日に至っている。セブン&アイ・ホールディングス（現在の売上高2・8兆円）の母体であるイトーヨーカ堂は当時1店、年商5億円だから、5600倍に拡大したことになる。

ペガサスクラブのビジョンは最初から1000倍以上の規模拡大をめざしていた。当初のメンバーは繁盛店揃いだったが、数店しかないのでは日本人の暮らしを便利に、豊かに変えることは望めない。日本人が経験したことのない新たな消費社会を築くために、不可能と思われてきた常識への挑戦を覚悟したのである。それはその当時、考えうる可能性の限界を極めることではなく、現状を否定し、まったく異なる技術を学び、採用することだった。

ペガサスクラブ結成当初、渥美俊一が「（小売業として最大規模を誇っていた）三越百貨店の年商453億円（1960年度）を追い抜こう」と言ったところ、13人のメンバーは「できるはずがない」と即座に否定したという。だが、実際には計画より早くそれは実現した。ペガサスクラブ正式発足から10年後の1972年にはダイエーが年商3052億円を達成し、三越を抜いて小売業ランキング第1位に躍り出たのである。

図表1 ペガサスクラブ発足時の主な顔ぶれ

A. 発足時

社名		氏名	1962年 正規発足時		1960年 実験開始時		2019年度末決算	
			年齢	職名	店数	年商（億円）	店数	売上高（億円）
イオン	岡田屋	岡田 卓也	36	社長（現在名誉会長）	3	18	12,020	82,849
	フタギ	二木 英徳	26	営業部長（後にイオン社長）	4	5	イオン系列	
マイカル	セルフハトヤ	西端 行雄	45	社長（後にニチイ社長）	1	3		
	赤のれん	岡本 常男	37	社長（後にマイカル副社長）	1	3		
ダイエー		中内 㓛	39	社長（後に会長兼CEO）	3	33		
イトーヨーカ堂		伊藤 雅俊	37	社長（現在セブン&アイ・HD名誉会長）	1	5	1,626	27,518
ヨークベニマル		大高 善雄	54	社長	9	3	セブン&アイ・ホールディングス系列	
紅丸商事		大高 善兵衛	27	専務（後に社長）				
ユニー							651	12,096
ほていや		高木 久徳	38	社長（後にユニー社長）	8	10	パンパシフィック・インターナショナルホールディングス	
西川屋		西川 俊男	36	取締役（後にユニー特別顧問）	3	3		
イズミヤ		和田 満治	30	専務（後に社長）	2	11	84	2,475
大西（問屋）		大西 隆	29	専務（後に会長）	—	37	—	423 大西グループ

2019年度末決算の数字は、大西はHP、それ以外の企業はJRC「ビッグストア基本統計2020年度版」から（FCの店数・売上高は含まない）。

B. その後

まもなく(1)**西友**（当時西武ストアー）や、**平和堂**、**オークワ**、**フジ**などが参加。さらに(2)**マルエツ**、**いなげや**、**ヤマナカ**、**ライフ**、**カスミ**、**ベイシア**、**ヤオコー**、**バロー**、**サミット**などのSMグループ。(3)**生協**もビッグストアに属する9割が1970年代から加盟。1970年前後から(4)**すかいらーく**（当時ことぶき食品）、**サトレストランシステムズ**、**スガキコシステムズ**、**吉野家**、**サイゼリヤ**、**オリジン東秀**などFS業。(5)**しまむら**、**西松屋チェーン**、**アルペン**、**ニトリ**、**チヨダ**、**鈴乃屋**、**ベスト電器**、**アオキ**、**コナカ**など専門店。(6)その後**ケーヨー**、**ナフコ**、**ホーマック**、**コメリ**、**カインズ**などホームセンター。(7)**ハックキミサワ**、**カワチ薬品**、**ツルハ**などドラッグストアが参加。(8)1980年代後半からは、百円ショップや各種サービス業（美容、棚卸、広告、パチンコホール、写真スタジオ、レンタル）などさまざまなフォーマット企業が参加。

しかし当初の「チェーンストア産業化50カ年計画」は、前半に予想以上に急速な規模拡大を果たしたものの、その後のシステム化が停滞している。そのため2012年に達成するはずだったチェーンシステム完成の目標は、2022年に修正せねばならなくなったのだ。50カ年計画は60カ年計画になった。

チェーンストア産業化をめざすペガサスクラブのメンバー企業は今日、417社に拡大した。すでに欧米で確立された経営理論と、日本でそれを応用した結果で導き出された論理を勉強し、実践している。互いに励まし合う同志として、また互いに競争し合う敵として交流しているのである。

チェーン化の土台「ビッグストアづくり」

ペガサスクラブのビジョンは「日本にチェーンストア産業を築造する」ことである。そうすれば日本の一般大衆が今、頻繁に使っている、あるいは食べているものの品質が向上し、同時に売価を安くできる。さらにこれまで使ったことがない、または食べたことがない新たな商品を、全国どこでも同じレベルで格差なく享受することができるようになるのだ。

日本には何でもある、世界最高レベルの消費生活を営んでいると思ったらとんでもない。チェーンストア産業化ができている欧米の先進国と比べたら、遥かに低いレベルである。

この不完全な日本の消費生活を改革するにはチェーンストア経営システムの築造が不可欠である。それは従来の支店経営方式とはまったく異なるシステムである。

アメリカは1850年頃から小売業が規模拡大を進め、70年間で人材や資産の蓄積を行った。チェーン化の準備段階である。1920年頃から本格的なチェーン経営のシステム化を始め、現在に至るまでシステムを洗練させ続けている。

そこでアメリカが試行錯誤を繰り返して確立したチェーン化の法則を学んでから応用すれば、半分の期間で産業化ができると渥美は考えた。それがチェーンストア産業化50カ年計画だったのだ。産業化とは社会に不可欠な「インフラ」になることである。

規模拡大はチェーン化の準備段階だった。そのために次の項目を初期のメンバー企業は各社競争で実行した。

まず①資本を増強した。そのために経営者は自らの給与の大半を資本金に充当し続けた。同時に②今後値上がりしそうな店舗や本部の立地を選び法人所有の土地資産を増やした。いずれも金融信用を得るためだ。店数を一挙に増やすためには不可欠な基盤づくりである。

次に③大卒の採用を積極的に進めた。4年制大学の卒業生が小売業に就職するなどありえないといわれていた時代に、渥美と経営者たちは主要な大学を回り、チェーンストア産業化のロマンを説いて回った。採用した人材には④教育を施した。それはこれまで小売業の常識とされた接客応対ではなく、新たな仕組みづくりについての知識教育であった。チェーンストア経営の技術をセミナーで教えるのは渥美の率いる日本リテイリングセンターの分担である。同社はほかに先進技術の調査と研究と普及活動を行っている。

その上で⑤総売場面積を増やした。店数の増加と1店ごとの規模拡大によって、売場面積は毎年数倍ずつ増えていった。当時の小売業では店長が売る努力をすることで売場販売効率を増やすことが一般的な規模拡大の手段だったが、チェーンストア志向企業は店舗開発を強化して既存店の規模ではなく、スーパーストア（既存の2倍以上の広い売場面積の店舗）を新たな人口増加地域に増やすことで総売場面積を効率よく増やしたのである。

この5項目を徹底することで初期ペガサスクラブのメンバー企業は確実に拡大した。多くの企業が当初の目標どおり、80年代には1000倍以上の規模に達したのである。

同じビジョンを共有する同志として学び、また競争し合う敵として研鑽を重ねた結果である。

「スーパー相場」という低価格の創造

日本でチェーンストア産業の構築をめざすチェーンストア志向企業は、21世紀初頭までの50年間に一定の成果を上げた。最大の勝因は「スーパー相場」という廉価を開拓したことである。それまで「定価」としてメーカーが小売価格を決めることが常識化していたのだが、チェーンストア志向企業はそれを無視して低価格化を押し進めた。そのためにたびたびメーカーの出荷ストップに合い、販売在庫がゼロになる状態に陥った。それでも彼らは来店客が欲しがる生活必需品と生活向上品を低価格で販売するために仕入れの努力を惜しまなかった。

60年代、定価販売の統制が最も厳しかったのが家電メーカーだった。系列化した個人経営の家電専門店の利益を守るために彼らに安売りさせたくなかったからだ。そのため家電メーカーは相互に価格カルテルを結んでいたのだ。そこでチェーンストア志向企業は商品を卸してくれる問屋を探すのに苦労した。それでも何とか調達したカラーテレビや洗濯機や冷蔵庫の製造番号を削り取って定価破壊を続けたのだ。それらが飛ぶように売れたのは言うまでもない。

公正取引委員会が家電メーカー6社に対してカラーテレビの価格カルテル排除を勧告したのは1966年のことである。しかしその後もチェーンストア志向企業は、食品、HBA（Health & Beauty Aid：健康美容関連グッズ）、カメラ、家具、衣料など広い分野のナショナルブランド（NB）メーカーと戦い続けたのだ。その結果、販売側が価格決定権を手にするのは95年前後のことで、30年以上の厳しい戦いの成果であった。

これには企業独自のプライベートブランド（ＰＢ）商品の増加も貢献している。ＮＢ品の価格を高く維持してＰＢの低価格化が進めば、ＮＢは駆逐されてしまうかもしれないからだ。

どの店でも同じ価格で販売する「定価」は今はない。売価の低さはお客が店を選ぶ最も重要な条件として企業規模拡大の決め手なのである。

チェーン化勢力の21世紀初めの成果

ここでチェーン化勢力のこれまでの成果を確かめてみよう。図表2にある通り、年商50億円以上の小売企業は１９６０年、百貨店が20社、専門店が書籍販売の丸善１社の合計21社のみだった。それが現在では当時は存在しなかったフォーマットの種類が増え、１１３７社に増大した。その合計売上高は全小売売上高の55・88％を占めるまでになったのだ。経営形態が違うがフランチャイズチェーンのコンビニエンスストアの売上高を含めると65・89％にまでビッグストア企業群は占拠率を高めている。

この傾向はますます拡大中である。一度たりとも後退していない。大手の出店を阻み中小を温

図表2 小売業のフォーマット別勢力と社数

	直営のみ														フランチャイズ含む
		総合店										専門店			
フォーマット	百貨店	日本型スーパーストア	衣料スーパー	バラエティストア	ドラッグストア	スーパーマーケット	コンビニエンスストア	ホームセンター	オートセンター	総合・ディスカウント	生協	食品	非食品	合計	コンビニエンスストア（注）
社数年度変化 1960年	20	0										1		21	
社数年度変化 2018年	72	20	8	6	72	412	10	52	11	21	68	47	337	1,137	
総売上高中の占拠率（%）	5.06	5.01	0.61	0.28	5.91	15.13	0.46	2.84	0.39	1.84	2.36	0.94	15.00	55.88	10.01
												15.94		65.89	

2019年決算時・日本リテイリングセンター調べ
註. コンビニエンスストアのフランチャイズを含む売上高は経済産業省「商業動態統計」から算出

存しようと出店規制の法律をつくっても、お客が大手の安さと便利さの方を選ぶのだからこの傾向は変わらないのだ。

とくに超大手の寡占化が目覚ましい。図表3は年商1000億円以上の企業を3つのグループに分けて、全小売売上高中の占拠率を算出したものだ。1970年の1000億円越え企業は6社のみでその占拠率は5・8%だった。ところが2019年は1000億円以上3000億円未満の75系列グループが11・1%、それ以上1兆円未満の34グループが16・3%、1兆円以上の6グループが14・1%、その合計が41・5%にもなったのである。つまり年商50億円以上の企業群の売上高占拠率65・89%のうち4割強は1000億円以上の大企業の成果なのである。

図表3 大手企業数の推移

決算年	2019	2000	1990	1980	1970
年商	1兆円以上				1千億円以上
系列数 占拠率	6 14.1%	6 9.5%	5 7.8%	2 3.7%	6 5.8%
資本系列、グループ名・企業名	イオン系列 セブン&アイ・ホールディングス系列 ヤマダ電機(グループ) 三越伊勢丹ホールディングス系列 ファーストリテイリング	ダイエー イトーヨーカ堂 イオングループ セゾン マイカル ユニー	ダイエー セゾン イトーヨーカ堂 イオングループ 髙島屋	ダイエー 西武グループ	髙島屋 大丸 西武グループ ダイエー 三越 松坂屋
年商	3,000億円以上1兆円未満				
系列数 占拠率	34 16.3%	17 7.0%	15 7.6%	9 7.0%	
年商	1,000億円以上3,000億円未満				
系列数 占拠率	75 11.1%	68 9.4%	33 5.1%	21 6.0%	

企業規模の拡大によって確実に有利になったのは人材の確保だ。大規模製造業が定期採用を再開し、ＩＴ企業が採用人数を増やしている今日では、人気が下火になったことは否めない。しかし、それでも大手小売業各社は大卒社員を多数採用している。60年代から比べればチェーンストア経営システム構築に携わる人材はすこぶる潤沢になったのである。

問題は彼らの使い方である。企業規模は大きくても未だに規模の利益を享受することなく、個店対応に終始し、せっかくの有能な人材を人海戦術の駒として扱うのはいかにも残念である。チェーンストアを志向するなら、大手でなくてはできないシステム構築に彼らを役立てなければならない。

未着手のテーマ

まず既存フォーマットの再編は不可欠である。流通業のフォーマットの寿命は20～30年と言われているから、どのフォーマットもそのままでは存続できないはずである。欧米にモデルはあるが日本にない便利なフォーマットもまだ多いのだ。どのフォーマットをめざすのか決めて、再編を急がねばならない。

また、売上高主義の人海戦術による低生産性からも脱却しなければならない。チェーンストアは「売れなくても儲かる店」を数多くつくることで高い収益性を維持する仕組みである。したがってそのためのビジネスモデルづくりを急ぐべきだ。これまで採用し続けた人材はその仕組みづくりのために役立てねばならない。そのための教育をこれまでまともにしてこなかったのなら、これからチェーンストアのシステム構築の教育をすればよい。

要点は高い労働生産性を維持できる業務・作業システムの構築である。そのためには店でしかできないこと以外のすべての業務、作業を全店分、まとめて本部かセンターか製造段階で済ませるべきである。

店でしかできないこととは①補充と②掃除と③チェックアウト業務だけである。しかし③については自動化の実験が始まっているし、②はロボットが代行できるだろう。①も棚割りの標準化が進めば補充単位の標準化も進むから、これもロボットの仕事になるかもしれない。

つまり人がするのは業務・作業ではなく、システム構築なのである。

もう一つ遅れているのは商品の革新である。この点でも欧米のチェーンストア先進国の各社から大きく水をあけられている。チェーンストアの原点であるコンシューマリズムに立ち戻らねばならない。

ビッグストアからチェーンストア経営システムへの転換は1960年時点の計画では2000年前後という設定だった。しかしまだ誰も成功していない。

商品は今も問屋からの仕入れ主力方式が継続されているから、消費者に有利になっていない。まず値段が高い。さらに欲しくない付加価値が付いているから使いにくい。加工が面倒だし、健康的でないし、体型別サイズ種類が未開発であるなど、欧米のチェーンストアの商品と比較して品質が不完全である。

チェーンストアなら消費者のニーズを突き詰め、不便さを解消するために独自の品質を確定し、原材料の調達から各加工段階を自社のマーチャンダイザーがプロデュースすべきなのだ。この仕組みをバーティカル・マーチャンダイジング・システムというが、それがまだできていない。

チェーンストアの社会的意義

「経済民主主義」を実現し、豊かな消費生活を大衆に広める

チェーンストア経営の目的は、売上高規模の拡大ではない。企業の収益性を高め、従業員と株主に利益配分をすることでもない。結果としてそうなるのであって、本来の目的は消費者にモノやサービスを提供することによって、便利さと楽しさを普及させ、彼らの日常の暮らしの質を向上させることである。そして提供するモノと提供方法を革新し続けることによって、消費者にとってなくてはならない存在になるのである。

チェーンストアがあることで、一部の特権階級しか享受できないような豊かな消費生活を、国民の大多数である一般大衆に広め、毎日が楽しく、便利に暮らせるような経済の仕組みをつくる。言い換えると「経済民主主義」を実現することなのである。

そのためには、既存の商品を仕入れて販売するだけでなく、製品製造業の在り方までを変革す

ることが求められる。それがマス・マーチャンダイジング・システムの構築である。並行して、その商品を提供する店舗を効率よく運営するための、マス・ストアズオペレーション・システムの構築が要る。

残念なことに、日本の消費生活の現状は経済民主主義とは程遠い。文化、学校教育制度、福祉、材料製造業、一部の製品製造業は今でも世界のA級に停まっているが、流通業はチェーンストア産業が確立している欧米諸国とは格差が大きく、C級である。

まずモノの値段が高い。日本の大手流通業各社の努力で引き下げられたものもあるが、それでもまだ高いのだ。チェーンストア先進国のアメリカと比べると、食品も非食品も2〜3倍の高値である。だから同じ収入ならアメリカの方が2〜3倍豊かに暮らせることになるのだ。アメリカのチェーンストアは自国の経済格差を解消しているのである。

また、日本の品質は作る立場の都合で考えられたものだから、余分な機能が付加され、かえって使いにくいものが多い。当然その分のコストが売価に上乗せされるから値段が高い。その点、チェーンストアが消費者の使う立場に立ってプロデュースし、マス・マーチャンダイジング・システムによって独自に製造されたアメリカチェーンの商品は、使いやすく楽しいものである。

困ったことに、この立ち遅れた日本の現状に一般大衆はもとより、政治、行政、報道、学術などの面で先端を行くリーダーたちが気付いていないのである。その結果、テレビのニュース番組のコメンテーターと称する知識人が「日本には何でもある。だからモノより情報サービスの強化を」などと、とんでもない発言をする。書店にも同様の意図の新刊書が並ぶことになるのだ。識者の中にはアメリカ生活を経験した人も少なくないはずなのだが、ニューヨークやワシントンなどハイ・コストになるためチェーンストアが出店しない特殊な地域で特殊な暮らしをしていることがほとんどだから、彼らはチェーンストアの恩恵を受けたことがないのだ。人は見たことも聞いたこともないものは欲しがらないし、ありがたいとも思わないのである。

価格と品質を改善し、豊かさの格差を解消する

アメリカが20世紀を通じて確立した経済民主主義の仕組みは、同国民の日々の暮らしを豊かにしている。図表4はアメリカ人の歴史学者ダニエル・J・ブアスティンの著作で、ピュリッツァー賞を受賞した『The Americans：The Democratic Experience』から、チェーンストアの功績についての記述を抜き出したものである。

例えばこの表のBについて考えてみよう。ミリオネアとは大富豪の意味である。日本でホットファッションの服を買おうとすれば、必ず値段が高い。百貨店や高級品を扱う専門店だけが扱っているからである。その中でも人気が高ければ高いほど値段も高くなり、また欲しければ無理し

図表4 アメリカのチェーンストアによる「暮らし」革命

※ダニエル・J・ブアスティン(ハーバード大学歴史学教授、元京都大学教授)の主張(ピュリッツァー賞を受賞)

- **A** チェーンストアは、アメリカ民主主義の実際上の普及者である。
- **B** 彼らはミリオネアの使う商品を、ミリオンの人々が買える値で提供している。
- **C** チェーンストアは、アメリカからローカルという言葉をなくしつつある。アメリカ人は引っ越しをしても、自分の知っているチェーンの売場で、知っている陳列位置で、実に便利に気軽に安心して使い馴れた品を買えるのだ。
- **D** 地方都市の中小商店が、その地方の必須条件ではなくなってきた。地方としての特殊性は、いまや不要になってきたのだ。
- **E** 将来大都市になろうとしている新興都市にこそ、巨大で印象的な消費の殿堂(ショッピングセンター)がまずつくられてきた。
- **F** 見分けがつかぬほど似通った物を、互いに所有することで連帯する。そこには、思想の違いもイデオロギーの対立もない。
- **G** 20世紀から楽しみと憂さ晴らしの方法は、映画館でもバーでも教会でも革命でもなく、買い物となった。
- **H** 現代における本当の休日と祭日とは、買い物の日なのである。

出所:The Americans : The Democratic Experience

てでも買うだろうから、安くする必要はないと考えられている。だから、収入の高い人しか買えないのだ。

日本でも、最近は低価格でアパレルが買えるようになったが、それらの商品は色も形も毎年同じようなものだったり、ファッションと懸け離れたものだったりと、値段は良くても品質は受け入れられないものが少なくない。

一方、アメリカなら、ホットファッションは皆が欲しがるから、百貨店も、高い価格帯を扱う専門店も、低い価格帯を扱う専門店や総合フォーマットのディスカウントストアも、それぞれが狙う価格帯に合わせて商品化して、ほぼ同時期に売り出す。だから、消費者は収入の多寡にかかわらず、誰もが自分の予算に合わせてホットファッションを楽しめるのである。

さらに、日本ではファッションを楽しめるのは若者だけである。おしゃれなものほど細身で身幅が余裕なく作られているため、ゆとりが欲しい熟年は着られない。若者でも太っていると着られないのである。

ところがアメリカなら熟年サイズのおしゃれな服をチェーンストアが商品化している。百貨店も専門店もディスカウントストアも、人口の多い40～70歳代向けのおしゃれな服をサイズ・種類とも豊富に揃えているのである。

これとは別に太った人向けには、太っていてもホットファッションが楽しめるように、美しく見えるように工夫したデザインで商品化している。

例えば、胸元にフリルの付いたブラウスがホットファッションなら、太った人向けにはそのフリルの幅を太く長くすることで、大きな胸が目立たないように工夫する。太いベルトがホットなら、ベルトのバックルを大きくして、太いウエスト回りをカバーするのである。

アメリカでは、収入や年齢や体形にかかわらずおしゃれが楽しめる。図表4のAにある通り、チェーンストアが経済民主主義を実現し、普及させているからである。

都市と地方の地域格差を解消する

次に、チェーンストアは図表4のⒸとⒹとⒺのように都市と地方の格差も解消した。大都市圏に居住しようと人口の少ない地方都市に居住しようと、チェーンストアさえあれば同じ品が同じ値段で入手できるのだ。チェーンストアの店舗と品揃えは標準化しているからである。日本にも全国展開をしている流通業は多いが、売場面積も品揃えも店ごとに違っている。大都市圏の店舗は大型だが、地方都市の店舗は小型で、新機能商品は大型店にはあるが、小型店にはない。また地域によって仕入先まで違う場合もあるから、店名が同じだからといって同じ品が手に入るとは限らないのである。それはチェーンストアではなく、支店経営だからである。

Ⓔは地方の新興都市の方がショッピングセンター（SC）の開発が進み、かえって便利なことを示している。新興都市では住宅開発とSC開発は同時並行で進められるので、最初から利便性が確保されている。ところが、アメリカでもニューヨークのマンハッタンやサンフランシスコ半島にはSCが少なく、チェーンストアも少ないから不便である。マンハッタンにウォルマート（Walmart）はないのだ。だから先に述べたように、アメリカ駐在を経験した日本の識者がチェーンストアの社会的意義を知らないのである。

日本でもSC開発は地方都市のサバブ（新興住宅地）を中心に進められている。しかし、まだまだ数は少ない。さらに流通業のフォーマットの種類も少ない。小売業もフードサービス業もその他のサービス業も同様に、チェーン化するフォーマットが未開発なのである。

小規模のままでは暮らしは変えられない

革新は「現状否定」からしか始まらない。日本の消費生活は貧しいのだ。だから欧米並みの豊かさを享受するために、チェーンストア産業化が不可欠なのである。

チェーンストア志向企業の規模が拡大した今日、チェーンシステム構築の土台はできている。なにより人材は豊富に揃っているのだ。したがって一人ひとりが分業してシステム化に取り組めば、日本の大衆が豊かに暮らすことができるようになる。

ところが日本ではいまだに小規模小売店を擁護しようという動きが根強い。その流れで「駅前商店街活性化」と称して、税金の大量投入が行われた。道路をタイル張りにしたり、街灯をおしゃれな大正ロマン風に替えたりと工夫が凝らされたが、結果は何も変わらなかった。アクセスが便利になったわけでも、駐車が容易になったわけでもないから、客数は増えなかった。それどころか身内でさえ跡を継ぎたくない個人経営店は継続できずに消滅し、その後には消費者金融が入居した。

町並みがきれいになり、商店街の小売業者が自分で営業するより高い家賃で貸したほうが得だと考えるのは当然である。その後消費者金融は規制により撤退が相次いだが、その空室に入居したのは風俗営業の店舗である。税金の使い方に関して何の反省もなく、「商店街のシャッター街化」を阻止しようとして、またぞろ税金を投入しようとするのは消費者の立場を無視した愚策である。

大型店の出店規制は1937年の第一次百貨店法の施行以来、大店法を経て、町づくり三法に至るまで80年以上継続中である。小規模店舗を守るという名目だが、それでも大型店は増え続け、小規模店舗は消滅し続ける。

それは消費者による選択の結果である。便利で有利なものなら利用者が増え続けるが、不便で不利なら相手にされないだけなのだ。消費者の意向を無視し、捻じ曲げようとしても無駄である。

大規模なら小規模にはできないことができる。消費者にとってより安く、より適切な商品を調達するために、世界レベルの活動ができる。そのプロジェクトを実行する人材がいるし、交通費や通信費など調査費用も捻出しやすい。店数が多いためロットが大きいことも調達価格を引き下げる要素となる。

一方、小規模ではそのいずれも不可能である。

冷静に考えればわかることだが、この期に及んで手づくりや希少さや個人レベルのこだわりを珍重する傾向が、行政側にも流通業界にも消費者の間にも散見できることが異様である。原因は大手流通企業が大手として本来の活動をしていないために、その有利さが認識されないからである。大手なら中小でもできる矮小なことをしてはならない。

個人の努力には限界がある。だから組織として分業してビッグビジネスの構築に立ち向かうのである。

規模の利益を最大限追求する

欧米のチェーンストアは日本の小売業と発展の経過が根本的に違っている。欧米のチェーンストアがプライベートブランド（PB）品、1品目のバーティカル・マーチャンダイジングから始まったのに対して、日本の大手小売業は仕入れ商品からスタートしているのである。

バーティカル・マーチャンダイジング・システムとは、原材料の段階から消費者の手に渡るまでの過程を、小売業が一貫して推進することをいう。このシステムを構築することは簡単ではない。日本では「仕入れなら卸売業に頼めば商品がすぐに手に入る」と思われがちで、小売業に大したノウハウはないと考えられている。卸売業が抱える多くの品目の中から、売れそうな品を選び出す感覚さえ持っていればいいということだ。

しかし現実には値段が安くなければ売れない。値段を安くするためには数をまとめる必要がある。多品目、少量では卸売業だって安く調達できないのだ。低価格化は少数品目に絞り、数量をマス化しなければならないのである。

欧米のチェーンストアは最初からマス化に取り組んでいた。1品目のバーティカル・マーチャンダイジングから始めたからである。アメリカのスーパーマーケットの大チェーンの多くは紅茶から、GMS（General Merchandise Store＝非食品フォーマット）のシアーズ（Sears）は旅行用スーツケースと懐中時計のバーティカル・マーチャンダイジングからスタートしている。規模の利益を最初から享受していたのである。

日本の小売業も規模の利益を享受する仕組みの構築が不可欠である。商品だけでなく、業務も作業も同様に、対象を絞り、集めてマス化することで、大量に処理する新たなシステムを採用すべきである。それが大手らしい、大手にしかできない技術開発である。

チェーンストア経営システムは規模の利益を最大限活用する仕組みである。しかしその仕組みが未完成だから一般大衆の暮らしが改善されない。1960年代にチェーン化をめざしたころのように、現状を否定することから再出発しなければならない。

チェーンストアは社会インフラ

アメリカ、イギリス、フランス、ドイツなどチェーンストア先進国では、チェーンストアが基幹産業として認められている。チェーンストアとして世界トップ企業のウォルマートは、「全産業世界売上順位」（図表5）でも1位である。石油元売企業より、自動車製造企業より、金融企業より、IT企業より規模が大きいのである。チェーンストアとしてウォルマートに次いで2位のスーパー・ドラッグストア・チェーンのCVSは、19位である。アメリカではチェーンストアが基幹産業として確固たる地位を築いていることがわかる。

ランキング入りしたチェーンストア企業を見ると、3位以下にはアメリカ企業以外にも、先に挙げたチェーンストア先進国の企業が並ぶ。人口では日本の半分以下の国が多いにも関わらず、企業規模が日本より大きいのはチェーンシステムを確立した企業の寡占化が進んでいるからだ。

日本の流通業のトップ企業はイオンだが、全産業世界ランキングでは104位である。小売業としては9位となる。GDP（国内総生産）では世界第3位を誇る日本だが、小売業の規模はそれ以下の他国に負ける。

日本国内の比較では8位のトヨタ自動車から始まり、上位は商社、石油、通信、自動車メーカー、家電メーカーが占める。小売業の大規模化が進んだとはいえ、アメリカやその他のチェーン

図表5 全産業世界売上順位(2018年度)

1US$＝100円

全産業ランク	チェーンランク	社名	業種	売上(兆円)	純利益(百億円)
1	1	WalMart(米)	チェーンストア	51.4	66
2		Sinopec Group(中)	石油	41.4	58
3		Royal Dutch Shell(蘭)	〃	39.6	233
4		China National Petroleum(中)	〃	39.2	22
5		State Grid(中)	電力	38.7	81
6		Saudi Aramco(サウジアラビア)	石油	35.5	1,109
7		BP(英)	〃	30.3	93
8		トヨタ	自動車	30.2	188
9		Exxon Mobil(米)	石油	29.0	208
10		Volkswagen(独)	自動車	27.8	143
11		Apple(米)	電子機器	26.5	595
12		Berkshire Hathaway(米)	金融	24.7	40
13		Amazon.com(米)	ネット販売	23.2	100
14		UnitedHealth Group(米)	保険	22.6	119
15		Samsung Electronics(韓)	電機	22.1	398
16		Glencore(スイス)	商社	21.9	34
17		McKesson(米)	薬剤卸	21.4	0.3
18		Daimler(独)	自動車	19.7	85
19	2	CVS Health(米)	チェーンストア	19.4	▲5
20		Total(仏)	石油	18.4	114

以下チェーンストアのみ

35	3	Costco Wholesale(米)	MWC	14.1	31
40	4	Walgreens Boots Alliance(米)	DgS	13.1	50
47	5	Kroger(米)	SM	12.1	31
62	6	Home Depot(米)	HC	10.8	111
68	7	Schwarz Group※(Lidl、独)	Limited Assortment Store	10.1	—
82	8	Carrefour(仏)	ハイパーマーケット	9.1	▲6
104	9	**イオン**	**総合**	8.5	2
105	10	Aldi(独)※	Limited Assortment Store	8.4	—
106	11	Tesco(英)	総合	8.4	17
124	12	Target(米)	DS	7.5	29
129	13	Royal Ahold Delhaize(蘭)	SM	7.4	21
135	14	Lowe's(米)	HC	7.1	23
143	15	**セブン&アイ・ホールディングス**	**総合**	6.7	20
155	16	Rewe Group(独)	SM	6.5	—
167	17	Auchan Holding(仏)	ハイパーマーケット	6.0	▲13
168	18	Albertsons(米)	SM	6.0	1
198	19	Wesfarmers(豪)	〃	5.3	9
210	20	Finatis(仏)	総合	5.2	6

資料:Fortune Global 500、※はGlobal Powers of Retailing 2018, Deloitte(2017年度の数値)、日本チェーンは最新有価証券報告書からJRCが集計

ストア先進国と比べると流通業の存在感は希薄である。その違いはチェーンストア産業化の成否にある。

これとは別に設備投資額の多寡でも基幹産業か否かがわかるが、流通業は全産業中の6位と高くない。活発な設備投資ができるようになってこそ基幹産業といえるのだが、それは従来型の流通業から分離した新しいチェーンストア産業でなければならない。

チェーンストア産業化が成就した国々では、国民がさまざまなチェーンストアを毎日のように利用しながら日常生活を送っている。全米にチェーンストアの標準化した店舗が分布し、快適な買物環境と安価かつ便利で楽しい商品を提供しているからである。

厳しい競争を勝ち抜いた優良チェーンストア企業が消費者を味方に付けながら寡占化を進め、全国どこでも同じ水準で暮らせる「社会インフラ」となっているのである。

家計支出の改善

日本経済は好調を維持していると伝えられている。一方で消費者へのインタビューでは、その実感はないという答えがほぼ例外なく返ってくる。政府および経済界と一般消費者との間で景況の評価がまるで違うのである。

では本当のところを総務省統計局が毎年発行している「家計調査年報」で見てみよう。添付した図表6は2018年と2008年の概要である。これで10年間の変化がわかる。

Aの「総世帯の平均年間収入」は513万円で、それは10年前の08年の547万円から6・2%減少している。経済は好調でも平均年収は減っているのだ。その中で収入のある「勤労者世帯の実収入(年間)」は591万円で、それは10年前より1・2%増加しているが、可処分所得をみると481万円で10年前より僅かに下がっている。各種税金と公共料金の値上がりが原因である。つまりどの角度から見ても収入は減っているのである。

モノを売る立場としてはこの現実を真摯に受け止めねばならない。人口の8割を占める一般大衆の暮らしを守り育てるのはわれわれの任務だからだ。したがって彼らの収入が減り、可処分所得が減っている以上、低価格化と品質の向上に、よりいっそうの努力が求められるのだ。

消費者の暮らしの実態を知る手段は家計調査以外にもあるが、数値で現状を正確に把握し、それに合わせた営業活動を行わなければ報われないのである。いや、たとえ消費者の経済状態が上向きに変わったとしても、われわれにはより安くてより便利な〝モノ〟と〝サービス〟を消費者に提供し続ける義務がある。そうすることで客数は増え、買い上げ品目数が増え、来店頻度が高まることで、売上高も自然に増えるのだ。それが多店化とさらなる規模拡大につながるのである。

図表6 総務省統計局「家計調査年報」の2018年と2008年の概要・比較

A：日本の家計支出（全国の総世帯平均・2018年）

※「総世帯」とは「二人以上世帯」と「単身世帯」を合わせた合計

1世帯当たり平均　2.33人（うち有業1.08人）
世帯主59.3歳
総世帯の平均年間収入：513万円（08年547万円→6.2%減）
勤労者世帯の実収入（年間）：591万円（08年584万円→1.2%増）
勤労者世帯の可処分所得（年間）：481万円（08年483万円→0.4%減）

B：項目別消費支出

総消費支出

項目	2008年 対総消費支出（%）	2018年 対総消費支出（%）	2018年 実額（万円）	18年対08年比増加率（%）
食料（外食費含む）	25.5	27.5	81.3	1.5
住居	7.2	7.6	22.5	▲0.7
光熱・水道	7.4	7.5	22.4	▲3.8
家具・家事用品	3.3	3.6	10.8	4.4
被服および履物	4.5	3.8	11.3	▲19.9
保健医療	4.1	4.6	13.5	4.1
交通・通信	13.1	14.4	42.5	3.2
教育	3.4	3.2	9.4	▲13.1
教養娯楽	11.4	10.5	31.1	▲12.7
その他	19.7	17.0	50.3	▲18.7
実額	313万5000円	295万6000円		▲5.7

このうちサービス支出

主なサービス支出の項目	2008年 対サービス支出（%）	2018年 対サービス支出（%）	2018年 実額（万円）	18年対08年比増加率（%）
外食	14.1	13.8	16.3	▲4.8
家賃・地代	13.2	11.3	13.1	▲16.5
工事そのほかのサービス	4.3	5.5	6.5	23.3
家事サービス	0.7	0.7	0.8	▲10.9
被服関連サービス	0.8	0.5	0.6	▲30.4
保健医療サービス	6.3	6.2	7.3	▲4.0
理美容サービス	2.8	2.7	3.2	▲4.2
実額	121万3000円	118万4000円		▲2.3
消費支出中の割合	38.7%	40.0%		

資料：総務省統計局「家計調査年報」

エンゲル係数はアメリカの2倍以上

日本の家計で最も問題なのは外食費を含む食費の支出が高いことである。図表6Bの「項目別消費支出」を見ると、18年は81万3000円となり08年比で1・5％増加している。支出額に占める食費の割合、つまりエンゲル係数は27・5％、08年比で2ポイント増えているのである。

一方アメリカのエンゲル係数は13・9％で08年からあまり変化がない。日本はアメリカの約2倍という高い数値なのにまだ上昇中である。

総支出額に占める食費の比率が高いと住居費や教育、娯楽費に使える額が少なくなるから、エンゲル係数が高いほど貧しい国とされる。日本はアメリカのみならず、イギリス、フランスよりも数値が高く、貧しい国なのである。

多くの外国人は日本人の食費のかけ方を誤解している。日本人はグルメだから好んで値段の高い食品を購入すると思い込んでいるのだ。銀座の高級すし店ならすしが1貫で2000円もすると聞いて、そう思うらしい。しかし実際には普通の食材の値段が高い。アメリカと比べると同じ量で野菜や果物は2〜3倍、肉は3倍以上、魚はアメリカでも値段は高いが廃棄分を除いた食べられる分だけで取引されているから日本より割安になる。

なぜアメリカでは食品の値段が安いかというと、スーパーマーケットとフードサービス業の大チェーンが「バーティカル・マーチャンダイジング・システム」を構築したからである。

同システムは、原料段階から消費者の手元にわたるまでの商品化計画を、一貫したマーケティング計画と考え推進していくことである。日本では安定供給が難しいとされる農産物さえ、チェーン側がお客のニーズを突き詰めて、それに見合う品質の苗を世界中のサプライヤーを対象に探し回り、自社の研究室で栽培実験した後、生育方法の仕様書をつくる。そして苗と仕様書は大規模契約農家に引き継がれ、機械を使って効率よく大量生産することで高品質と低価格を同時に手に入れている。

また、品質を維持するために収穫直後に急速冷却し、その後は配送用のトラックの中でもディストリビューションセンター内でも売場でも同じ温度を保って鮮度を維持し、賞味期限も長くできるようにしている。このシステムを「コールドチェーン」と呼び、欧米では農産物の扱い方の常識となっている。日本だけがシステム化できずにいるのだ。農産物の産地は季節によって移動する。年間を通じての安定供給には欠かせない技術である。

さらに、欧米のチェーンストア先進国では健康食品が当たり前のように一般的な食品と同様の値段で売られている。調理済みのため加熱するだけで食べられるハイレベルな味の冷蔵・冷凍食品も増えている。味と利便性を犠牲にすることなく低価格化を実現しているのである。日本はその点が遅れている。あっても値段が高すぎることが問題である。

チェーンストアのバーティカル・マーチャンダイジング・システムは国民の日々の暮らしを飛躍的に向上することができる。個店対応を強いられる支店経営では成し遂げられない偉業である。

もう1つ、日本とアメリカの支出傾向には大きな違いがある。食費に占める外食費の割合が日本は低く、アメリカは高いことだ。日本の場合、小売業から購入する食品への支出を100とすると、外食への支出はその20％にしかならないが、アメリカの場合は77％になる。つまりアメリカはもともと低いエンゲル係数の中で外食費の割合が高いのである。頻繁に外食しても食費を低く抑えられるのはアメリカのフードサービス大チェーンの開発力によるものである。

商品価値の創造と生活提案

チェーンストアの価格設定は、品質が同じならどこよりも安い。一方品質は使う立場でより便利に改善し続けている。しかしよい品質を追求すればきりがなく、それによって値段が高くなるなら本末転倒だ。そこでチェーンストアは売価を下げながら適切な品質を創造してきた。メーカーがつくった既存の商品を問屋から仕入れたのでは入手できない革新的な商品である。

チェーンストアは、広い客層が日常頻繁に使い続けるベーシックアイテムの開発からスタートした。消費者の暮らしを観察して不足した品質や機能を発見し、商品開発を進めてきた。つまり

〝新たな生活提案〟を20世紀初頭から続けているのである。

アメリカの大型冷蔵庫や洗濯機、皿洗い機は、家電メーカーが開発する以前にシアーズ(Sears)が、PB「ケンモア(Kenmore)」として普及させた。黎明期から消費者のニーズを優先させた商品開発を続けていたシアーズのPBだから、品質は適切だし、売価もお買い得に設定してあるに違いないとお客は信用したのである。

日本では食品の品質偽装表示が横行しているが、チェーンストア先進国ではチェーンが独自の品質を決め、表示し、維持する仕組みを確立しているので消費者は安心している。だからアメリカでは「トレーサビリティー」も「生産者の顔」も問題にならない。PBにはチェーンの社名と連絡先が書いてあるだけで生産者の社名はないのは、お客がチェーンを信用して商品を購入しているから表示の必要がないのである。

シアーズは21世紀には、その生活提案の役割を後発フォーマットに譲った。だが、同社が築いたバーティカル・マーチャンダイジング・システムは、他社が確実に継承している。

衣料は人口の多い団塊の世代の高齢化に合わせて体型別サイズ種類を増やしながら、着心地がよくおしゃれな普段着をチェーンストアが提案し、1980年代以降、新たな品種が一挙に開発された。戦後生まれの今日の高齢者はファッション経験が豊富で、これまでの高齢者とは要求する機能もルックも明らかに異なるからである。

食品フォーマット企業は女性の社会進出に合わせて、カット野菜やレディー・トゥ・イートの調理が不要な健康的でおいしいメニューを低価格で提供している。だから女性は家庭を持っても調理に追われる心配はない。子供の成長に必要な栄養の管理も苦労なしに自然にできるのである。

家事に多くの時間を費やせない彼らに掃除や片づけの便利さも提供している。キッチンや洗面所の収納に便利な用品はもとより、家で快適に過ごすための楽しいホームファッションの提案も行っている。客は考えなくても、探し回らなくても、チェーン側が色とスタイルを計画的に決めて自社開発しているから、必要な品と関連商品が1つの売場で揃うのである。

チェーンストアの本質

チェーンストアの定義と発端

〝チェーンストア〟という言葉の誕生は19世紀末である。その定義は第二次世界大戦後に確定され、国際用語となった。

チェーンストアは「11店以上を直営する小売業またはフードサービス業」とされている。なぜ11店なのかは、この辺りで支店経営から、新たなマネジメント方式に転換しないと経営が成り立たないからであって、10店以上でも15店以上でもあまり差はない。実際には標準化された200店以上があって初めて経済効果が発揮できることが多く、そのあと500店以上になれば、本格的なチェーンストアとして商品も業務・作業もマスの効果を享受できるようになる。この段階であらゆる生産性が一挙に向上するのである。

しかし200店あっても標準化せず、立地条件も売場面積もフロア構成も商品構成もレイアウトも、1店ごとにまちまちならばチェーンストアとは言えない。個店対応せざるを得ないから1

店しかない場合と同じ経営形態、つまり支店経営になるからだ。その場合200店あってもマス化できることは少なく、従って多店化の経済効果は生み出せない。

高い生産性が期待できるチェーンストア経営システムが開発される発端は、19世紀、一部の特権階級しか享受できない豊かな消費生活を大多数の庶民が、毎日、当たり前に楽しめる経済の仕組みを作ろうと志した人々が欧米にいたからである。彼らは流通業だけでなく、製品製造業の在り方までを変えたのである。

現在、欧米のチェーンストア先進国では製品製造から販売、正確に言えば消費が終了するまでをチェーンストアがプロデュースしている。つまりバーティカル・マーチャンダイジング・システムが稼働しているのだ。そのため大衆実用品の売価は下がり続け、品質は向上し続けている。さらに消費者が使ったことのないより便利で楽しい商品を、メーカーに先んじてチェーンが開発して普及させている。

そのため、日本なら貧困ラインと言われる年収300万円前後の人でも十分に、健康的で文化的な毎日を過ごせるのだ。

チェーンストアが経済民主主義を実現したのである。庶民が日常生活の豊かさを味わえる消費社会を築いたのである。

チェーンストア経営の柱、バーティカル・マーチャンダイジング・システム

チェーンストアは1品目のプライベートブランド（ＰＢ）商品の開発から始まった。店が先にあったのではなく、ＰＢ商品が先だったのだ。

先駆者は、その後英国生協の創立に携わったが発端は、産業革命以降材料製造業が設備投資の都合で品質と生産量を決め、整品製造業と問屋卸売業を系列化したことによる弊害を克服しようとしたのだ。消費者の求める売価と品質とは程遠い製品の流通を止め、流れを変えようとしたのだ。コンシューマリズムの始まりである。

１８４４年英国生協のロッチデール宣言は、生活必需品を消費者ニーズに基づいた品質と価格に適正化することをめざすものだった。その後民間企業が加わり価格カルテルの破壊運動やバーティカル・マーチャンダイジング・システム構築で、ＰＢ商品が1品目ずつ増えていったのだ。

後にチェーンストアとなるプロデューサー役は、消費者が必要とする品質を確定し、最適な原材料を世界中の産地で探し求めた。生産から物流まで、必要な品質を低価格で消費者に届けるための仕組みを作ったのである。

マスの効果を得るために対象は客層が広く購買頻度の高い大衆実用品である。食品は紅茶、コ

ーヒー、小麦粉、砂糖など。非食品はせっけん、洗剤、木綿の生地、靴下などである。新たなニーズに合わせてメーカーが取り組んでいない分野にも挑戦した。

それが英国生協、そしてアメリカのスーパーマーケットやGMS、シアーズの始まりである。

この改革の本質は、メーカーの見込み生産体制をチェーンストアからの受注生産体制に変えたことである。

欧米のチェーンストア先進国に比べて日本の物価が高いのは、メーカーが各段階で見込み生産した結果から選ぶという、仕入れ方式だからである。

一方、チェーンストアのPBは材料からチェーンが所有する。その後の製造段階は加工費の支払いだけで全量が次の段階に引き取られる。チェーンストアのPBは確実に売れるものを売れる量だけ生産するのだ。生産者にとってもチェーンからの受注生産のため無駄が出ず、計画的に作業ができるから有利なシステムなのである。

その結果は売価を大きく変える。チェーン主導型なら実質工場生産価格の4倍前後が売価になるが、日本のように生産者側の見込み生産型なら9〜12倍になるのだ。誰かがぼろ儲けしているのではなく、自然に値段が高くなる仕組みだからである。

バーティカル・マーチャンダイジング・システムはチェーンストア経営システムの柱である。その仕組みなくしてチェーンストアとは言えないのだ。

チェーンストアの店舗は標準化が原則

バーティカル・マーチャンダイジング・システムによって開発された有利な商品は、より多くの消費者に利用されねばならない。そのためには店が必要になる。全国どこでも利用できるようにするのだ。さらに地域によって格差があってはならない。どこに住んでいようと必要なものは必要だし、誰もが現状維持ではなくより良い暮らしを求めているからである。

「個店対応」は日本の流通業界で多用される言葉だが、欧米ではまったく使われない。なぜならチェーンストアの店舗は標準化が原則だからである。お客にとって最良の立地条件と業態、最適な商品構成、売場面積、店内レイアウト、商品、サービスレベル、そして企業側にとって最も効率の良い物流や商品管理システムなどを突き詰めれば方法は一つしかないのだ。だからどの店も同じになる。それが標準化である。

標準化した店舗は店数を増やしやすい。出店の都度、調べたり考えたり決めたりしなくて済むからである。日本でも製造業は標準化の概念を徹底したから、世界レベルの製品を製造できるようになったのだ。

チェーンストアの店舗の条件は「売れなくても儲かる店」である。客数が少なくても成立する店をつくるのだ。そのためには出店コストとオペレーションコストが低くなければならない。そうすれば客数が少なくても利益が出せる。損益分岐点が70％台の店を目標とする。また、高い売上高を求めなければ出店立地は数多い。競争相手や自社の店舗が近くにあっても出店できるから有利である。店数が増えれば商品も作業もマス化できる。その経済効果は計り知れないのだ。

前述したようにチェーンストアの店舗では店でしかできないことだけを完全実行する。それは①補充などの商品管理と②チェックアウトと③掃除の3つだけである。後はすべて本部か各種センターで専任者が全店分をまとめて最新機器を使って実行する。店内業務が単純だから標準化が可能になり楽に店数を増やせるのである。

今のところ、以上の定義に当てはまる企業は日本にまだない。従ってチェーンストア経営システムは未完成なのである。

本部の役割

チェーンストア経営方式では、本部があらゆる決定を行い、キマリを作る。それが本部の任務である。全店分を1カ所で決めるため、全店で別々に考えるよりもキマリは完全になる。有能な人材の知識と経験を結集し、時間と調査費と実験費用を十分にかけて、一番良い方法を突き詰めることができるからである。

現場は本部で決めたキマリ通りに完全実行することが任務である。全店で同じキマリを実行するから、結果も同じになる。従って、予定通りの数値がコントロールできるのである。

製造業の現場作業者は製造過程でいちいち考えたり工夫したりはしない。それをするのはエンジニアの仕事である。現場作業者は決められたとおりの手順と動作を求められる。決められたとおり実行するから同じ品質の製品が大量に製造できるのである。

流通業でエンジニアの役割を担うのは本部である。現場の従業者が考えたり、迷ったり、困ったりすることなく、自然に完全作業ができるように本部はキマリを決める。

本部各部署の担当者は現在、店で行われている業務・作業をどうすれば合理化できるか、その方法を開発し、全店に普及させるのが任務である。

一方、店は本部が決めたとおり実行することが任務である。店長などの現場のマネジャーはその作業指揮者なのである。さらに、キマリを完全実行する際に、低コストで行うことで数値責任を果たすことが次の任務である。コストを下げれば営業利益が増えるからである。店長に売上高は変化させられないが、店舗運営費の半分以上を占める人件費コストを下げることはできるのだ。

図表7はチェーンストア経営における本部と現場の役割分担の理解を深めるために、他産業の事例を合わせて表にしたものだ。例えば、ビルの建設工事なら、チェーンストアの本部のように、キマリを作るのは目的別に専門化した設計者たちである。意匠設計と構造設計を基に、現場の人

図表7 本部と現場の関係

チェーンストアオペレーション		事例	
		工事	演劇・映画
本部	キマリを作る	設計者	劇作家、脚本家
現場（店舗とセンター）	①完全実行	施工者	役者
	②低コストで	工事事務所長	監督

が見れば分かるようにそれぞれの専門家によって各種施工図と手順書が作られる。

一方、それらのキマリを実行するのは現場の作業者だ。稼働計画と作業割り当てをするのは工事事務所長である。

ベテランのA所長なら、無駄のない段取りを作り、それに基づいて稼働計画と作業割り当てをし、工期8カ月で建築費は10億円で完成させることができる。中堅のB所長なら9カ月で11億円、新米のC所長なら10カ月で12億円掛かる。つまり、マネジャーのコントロール技術はコスト削減に生かされるのである。

小売業でも考え方は同じである。一番楽に完全作業が可能な道具と動作と手順を決め、マニュアルを作るのは本部である。そのマニュアル通りの作業を、部下を使って完全に実行するのが現場のマネジャーである。そのための道具が稼働計画と作業割り当てであり、マネジャーとして低コストで作業を完全に実行できるかどうかはその作り方で決まるのだ。売上高と違って店長が自分でコントロールできる内容である。

現場のマネジャーの任務

いつ、どのような作業をするべきか、そのために時給いくらの作業者が何人時必要か、誰をいつ出勤させるか、稼働計画を立てる。そして作業者1人ごとに作業割り当てをする。それが作業命令となり、現場の作業者はそこに書いてある通りに作業を実行する。逆に言えば、作業割り当てに書いていないことを気を利かせて実行してはならないのだ。

もちろん、マネジャーは単純な作業には、時給1000円の作業員を割り当てる。一方で、難易度の高い作業は、その技術を持った時給1600円の作業者に割り当てる。そうすることで、ムダとムリが起こらず、決められた通りの完全作業ができるのだ。本部で作られたマニュアルは難易度別で、時給と連動している。マネジャーは作業割り当ての際に難易度、つまり時給レベルに見合った作業を割り当てる。

ところが日本の場合、作業割り当てなしに、作業命令を出さずに作業者に目的だけ言って、またはそれもなしで意図を察してくれることを期待して、作業を包括委任する。そのためにマネジャーは、気を利かせて自発的に作業をするベテランパートを重宝する。ところが実際には、このことで人件費が上昇するのだ。

ベテランパートの作業内容を調べると、労働時間の8割以上が最低時給の人でもこなせる難易度の低い作業である。熟練が必要な業務は1割にも満たないのだ。時給1000円の人でもできる単純な作業を時給1600円の作業者が行うと、1時間600円の人件費がムダになる。すると1人1日当たり5時間なら3000円ほどの損失が発生することになるのである。

また、人件費の削減策として社員の業務をパートに切り替えている。ところが、作業種類ごとにマニュアルが存在しないので、難易度の高い作業をその能力のない作業者が実行すると不完全作業になる。その結果、誰かがやり直しをすることになり、これもトータルコストが上昇する要因となる。

これらのムダとムリは「疑念の余地がないキマリ」を決めていないことが原因で発生する。この問題を解決するには、これまで慣れた従業者に包括委任していた一連の作業を難易度別に分解し、時給別のマニュアルを作成する。条件が合う作業者なら、マニュアルを見ただけで完全作業ができるようにするのだ。マネジャーは現場監督として、従業者が決められた作業が完全にできるように指導、監督を行うのである。

日本でも製造業ではこの方式を取っている。工場で従業者に作業を包括委任することはない。物の置き場所、使う道具、手順、動作、すべてが疑念の余地なく決まっている。そして一連の製造工程は難易度別に作業が組み込まれている。この仕組みをつくった人と運用する人は異なる技術が必要なのである。

チェーンストア経営は製造業が開拓したインダストリアリズムを導入している。個人の努力やガンバリに依存することはないのだ。本部でキマリを決め、現場はそれを完全実行する。その役割分担でチェーンストア経営が成り立っているのである。

本部と現場の関係をプッシュ型からプル型へ

図表8は本部と現場の関係について、プッシュ型とプル型を比較したものである。チェーンストア経営方式では現場で発生している不合理さを本部が発見して、キマリを作り解決する。それはプル型である。

それに対して日本の企業に多い、本部の各部署から一方的に店に命令や要望が押し寄せるのはプッシュ型である。しかも具体的命令ならよいが、「現場力を高めよ」や「○○が売れないから何とか売り込んでくれ」など、方法は店側で考えてくれという抽象的な内容がほとんどである。

Bの商品は、チェーンストア経営のプル型なら、本部のバイヤーが過去のデータから売れ筋の特徴を突き詰めて、お客が買いたくなる低価格で調達できる取引先を探す。なければ独自に開発する。欠品がないように追加調達先も探し、マスアイテムに育てるのである。

だから、店には売れる品目だけが、販売量に合わせて配送されてくる。棚割りは死に筋がなく売れ筋だけで構成され、販売量と陳列量は正比例している。その状態をつくるのがバイヤーの任務である。その結果、商品は予定通り自然に売れていくため、店側の売る努力は不要である。

ところがプッシュ型だと、バイヤーはベンダーのお勧めに従って、売れた実績のない品を根拠なく仕入れ、店に送りつけてくる。その結果、死に筋だらけの棚割りになり、死に筋商品管理のために膨大な人件費が掛かることになるのだ。売れなくても陳列は乱れるし、ほこりはたまるから陳列整理も必要となる。売れていないことを確かめるだけのために発注の都度、数を数えなければならない。まったくムダな作業である。

このような状態では売れ筋商品が欠品しやすくなる。死に筋が棚に居座るために売れ筋に割り当てる棚面積が少なくなるから、売れ筋ほど後方在庫を持ち、頻繁に補充する。売れ筋も死に筋と変わらぬほど陳列量が少ないから、最低陳列量割れが起こるのだ。本末転倒である。

驚くことに「死に筋が多くなるのは店で売る努力が不足しているからだ」とさえ言い出すバイヤーがいることである。売る努力をしても、お客が欲しくないものを買うはずがない。押し売りすれば、店が信用を失い客数の減少を招くだけである。

本部でキマリを決めずに、店で工夫することを要求するなら本部の存在意義がないのである。プッシュ型からプル型への転換こそチェーンストア経営のあるべき形である。

図表8 プッシュ型とプル型の違い

	push型（支店経営方式）	pull型（チェーンストア経営方式）
A趣旨	本部から店へ一方的に要求する	現場で発生している不合理さを本部が発見して解決する
B商品①	売れなくても、本部は店に特定品目を押しつける	売れる品目だけを、あるべき商品回転率で。売れないものはDC（物流センター）に回収してバイヤーが処分を決める
C商品②	品揃えは地域特性に合わせて店側が提案	90％を標準化し、10％未満での変形バージョンについて現場から提案し、商品部側が決定する
D商品③	次の補充までの販売数量予測技術を持っていない店員が店ごとに、短時間に、発注起案	販売数量予測技術を修得したエキスパートが数十店分のPOSデータを分析して1SKUごとに起案
E欠品、未納品	「ないものはない。あるモノでガマンせよ」	商品部側が欠品の理由、対策方法、期限を現場に説明。一方で調達先を探し回る
F作業	本部は現場に目的または結論だけを通知し、作業員が1人ごとに方法を考えて実行する	本部が現場作業員が楽に、完全に、低コストでできる方法を研究開発し、現場にマニュアルとして示す
G販促	「店在庫は現場の工夫で売りつくせ」	本部が最適なプレゼンテーション手法を研究、現場に指示
Hサービス	「現場で配慮せよ」	本部でマニュアルを作り、現場に理解させ、完全作業を徹底
I本部への提案と意見	聞いても行動は起こさず。「店で工夫せよ」	必ず検討し、実行時期または実行できない理由を明示

チェーンストアに欠かせない標準化の概念

「チェーンストア」の「チェーン」とは、鎖のことである。鎖というと、日本では「鎖につながれて束縛される」などマイナスイメージが強い。だが、「チェーンストア」として使う場合は、プラスイメージの「一つひとつは単純なのに連結すれば便利な道具」という意味を含む。その理由は、同じ形、大きさ、太さ、重さに標準化された鉄の輪が、90度方向を変えて連なるだけで、1つでは成し得ない大仕事をやってのけるからである。

井戸から水を大量にくみ上げる場合、人手で引き上げようとすれば大勢で取り組まねばならない。だが、チェーンを滑車に絡ませて使えば、1人で楽々と作業ができる。同じように、重いものを動かす時も、チェーンがあれば簡単にできるのだ。

チェーンストア経営も、標準化した店舗を数多く運営することで、出店や商品、業務・作業などあらゆる段階で規模の利益を享受することができる。店舗が標準化されておらず、一つひとつの店舗で当事者がそのつど方法を調べ、選びながら運営する支店経営方式の場合とでは、生産性がまるで違ってくるのである。

日本では、店は数多くあっても、それぞれの店舗の立地条件、規模、品揃えがまちまちで標準化されていない。したがってその運営は、店長の采配に任せざるを得ない。大手流通業でさえ標準化が遅れているために支店経営方式を取っているが、このままではこれ以上の生産性向上は難しい。多くのフォーマットがオーバーストアになりつつある今日、生産性向上こそが競争の武器となるのだが、標準化対策なしでは、その実現は望めないのである。

その中でも大手のコンビニエンスストアは、フランチャイズチェーンという本部と店舗の法人格が異なる方式ではあるが、チェーンシステム化が進んでいる。だから生産性が高いのだ。しかしフランチャイズチェーンの成功例は、コンビニエンスストアかフードサービス業の一部に限られる。したがって多くの企業がレギュラーチェーン化を果たさねばならないのである。

例外をなくし、すべて標準化する

標準化は店づくりなど物理的な問題だけのテーマではない。あらゆる業務・作業の方法と手順の規格（キマリ）を明示して、例外行動をなくすことである。例外が多いと、それに合う方法をそのつど調べ、考え、試し、やり直しが必要となり、技術的・経済的な面で重複が増えて、ムダが発生するからだ。

標準化なしで1店ごとに別々に決めなければならないなら、全店一斉に最新技術を導入し、活用することは不可能である。だから個人の狭小な知識と努力だけが頼りになる。しかし努力の末に発見した独特な方法は、個々のケースに対応した解決策であるため、ほかには応用できないことが多く、だから生産性が低くなる。

一方、標準化していれば、最も適切な方法を一度、慎重に決定すれば、すべてに当てはめることができる。標準化によって生産性が高まるのである。当然に企業の革新性は急速に高まることになる。対象は店だけではない。出店立地の条件、ショッピングセンター入居の場合はそのタイプとテナント構成、敷地面積、売場面積と部門構成、後方設計、陳列器具などの設備、商品の陳列方法、棚割り、プレゼンテーション手法、販促方法、物流システムなど、すべてが標準化の対象である。

アメリカのチェーンストアは、同じ青写真で店をつくる。それはいちばん適切な状態をあらゆる角度から突き詰められた結果だから、全店同じでなければならないのである。

さらに業務・作業の内容もすべてのキマリを本部がつくり、店やセンターで業務に携わる人々はキマリどおりの行動が義務づけられる。

そうすれば結果として経営効率までもがおのずと標準化されるのである。

標準化の手順 〜ハード面の統一から着手する〜

では、どのような手順で標準化すればよいのか。

まず物理的な条件を整備することが先である。そうすれば、どこで誰がやろうと同じ結果になりやすい。人間の行動を規格化する前に、設備や道具や消耗品などの業務・作業に関連する「モノ」を標準化するのである。

それから手順を決める。どの順番で行動すればうまくいくか、実験によって結論を出す。モノを手順通りに並べれば、人間の行動は自然に限定される。もちろんそれを行う人の技術レベルは同じでなければならない。つまり教育システムの標準化も必要である。

日本でも製造業はそうしている。だから、誰がつくろうと同じ品質の製品を大量に効率よく生産できるのである。

標準化するには最良の方法を見つけねばならないが、それは調査と実験の繰り返しで突き詰められる。もちろん店ではなく本部の仕事である。本部の全部署でキマリをつくるが、影響力の大きいテーマから計画的に取り組む。それらは①頻度が高く、②例外が多く、③重複が多く、④コスト高に付随するテーマである。

プロジェクトチームはテーマごとに数を増やし、そのメンバーは適任者を割り当てる。本部の全員が何らかの標準化対策に取り組んでいなければならない。調査には多くの人数が必要となるので、プロジェクトチームのメンバーのほかに幹部候補生を多数、一時的に動員する。それが「タスクフォース」である。現職の義務はそのままであるから、個人の仕事が増えることになるが、企業の未来を背負う幹部候補生の教育の一環であることを、教育訓練部は宣伝する。タスクフォースに動員されることは名誉なことと、受け止められるように仕向けるのである。

もちろん教育訓練部は幹部候補となる人材を数多く育成しておかなければならないが、理論教育（Ｏｆｆ－ＪＴ）だけでなく、経験教育（ＯＪＴ）も施しておかねば役に立たない。したがって幹部候補生ほど20歳代と30歳代は、本部ではなく現場に配置しなければならないのである。

時給とマニュアルの連動による作業の標準化

プロジェクトチームは、標準化のための調査結果を分析し、最良のキマリを決める。その際、調査と実験、討論をして仮説を立案し、実験を繰り返す。よい結果が出るまで継続するのだ。１店、または1カ所、または1人でよい結果が出たら、３店、３カ所、３人に拡大して実験を続ける。よい結果が出るまで方法を修正して、それを10に拡大する。

その内容を数字、文書、パート図、絵、図などを駆使してマニュアル化する。そして、その業務・作業を実行する能力を備えた人に説明なしでマニュアルを見せ、想定する結果が得られることを証明すればマニュアルは普及の段階に入る。

マニュアルを基に訓練し、その後は定期的に監査と指導を繰り返し、慣習にする。そうすればそれを誰が実行しようと結果は自然に標準化できるのである。

製造業では作業者に工夫や「ガンバリ」を期待しない。決められたことを決められたとおりに実行することだけを求める。そうしない限り、品質の標準化ができないからである。

チェーンストア経営も同じである。欧米のチェーンストアが確立した標準化が、規模のパワーを発揮するのである。

現状では流通業の標準化レベルは低いため、まずは65％を標準化することを目標に改革を進める。店舗面積や構造がまちまちでも売場単位、棚単位で標準化することは可能である。後方設計も重要な部分から最良のかたちに改造し、標準化していくべきだ。次に85％、最後は95％を目標にして進めるが、最後の5％は個店対応する。その方がトータルコストは低くできるからである。

しかし結果だけの規格化は禁忌である。手順を作業者に任せたら結果が標準化するはずがないからだ。また、例外が増えるだけで標準化が遠くなるので、道徳も持ち込んではならない。

チェーンストアの客層のとらえ方

日本の大学の多くはマーケティング講座で「ターゲット客層を絞れ」と教えている。客層を年齢、学歴、職業、年収、居住地など、デモグラフィックを細かく規定し、さらに彼らの嗜好や意識までより分けて、その中のどの客層を狙うのかを決定する。しかしそれは製造業のマーケティングの話である。

チェーンストア経営では「客層は広げる」のが正しい。人口の8割を担うのだ。一般大衆のすべてがチェーンストアのターゲット客である。彼らが年間365日のうちの300日の日常用として共通に使う品だけをチェーンストアは提供する。逆にいえば人口の約2割に相当する特殊な消費者は対象にしない。彼らを満足させようとすると、一般大衆が共通に使う品を集める以上の労力とコストがかかるからである。

ちなみに8割の主流派に入るか、2割の特殊派に入るかは1人の人間でもテーマによって異なる。食生活は主流派だが、服装は特殊派などである。しかも特殊派は一人ひとり要求が異なるから厄介だ。したがってチェーンストアはどのテーマも8割の主流派だけを対象にするのである。

また、大衆にも発生する年間約65日の「ハレの日」用もチェーンは対象にしない。これも同様に300日の日常用として繰り返し購入する品を集める以上の労力とコストがかかり、効率が悪くなるからだ。特殊な商品の調達や維持のコストが足かせとなり、大多数が頻繁に必要とする普通の品が安く提供できなくなるから不利なのである。

製造業は大規模な設備投資をする。その機械で大量生産した同じ製品を効率よく販売するために、商品企画段階から、ターゲット客を狭い範囲に絞り、彼らに必要な機能と品質を決定する。そのターゲット客に既存の製品が普及したら、また次のターゲットを開拓する。製造業は同じ設備を使って細部が異なる製品を新たなターゲットに合わせて開発することで継続拡大するから、客層を絞る必要があるのだ。

一方、チェーンストアのお客は常に同じである。同じお客が頻繁に来店し、同じ品を繰り返し購入する。さらに店側の新たな提案に共感すれば新商品も購入してくれる。したがってチェーンストアは最初から大多数をねらう。そのほうが客数は多くなり、店数が増やしやすいからである。

そのためチェーン化するなら客層を広げる努力が必要なのである。

「一般大衆」が変化 多数派は60歳代

日本だけでなく先進国共通の重大な社会問題として、人口の高齢化が挙げられる。とくに日本ではその進行が顕著で、すでに45歳以上の人口が半数を超えている。さらに2030年には60％

を超える見込みである。

図表9でわかるように、今日、最大の勢力は60歳代前半である。そして30年の予測では50歳代の後半が最大となる。したがって今も近未来も同じように、60歳を頂点とした人口構成なのである。

ところが多くの小売業がターゲットとしているのは「30歳代ファミリー」である。今日の30歳代の人口構成は14％だが、晩婚化の傾向からファミリーを構成する比率をその半分とみると、わずか7％と少数なのだ。もともと少数派をねらうのは、いかにも損な選択である。

一方では高齢化対策として唐突に介護用品などを増やしているが、それを必要としている人も少数派である。

それよりねらうべきは多数派である。60歳が高齢かどうかは別にして、それが多数派なのだから、彼らのニーズを優先しなければならない。彼らは職業を持ち、普通の生活者として活動中の熟年世代である。介護を必要とするには至らないが、30歳代とは異なり、体型は崩れ、体力は衰え、健康に何かしらの問題を抱えている。それでも毎日を健康で過ごすことを望み、残りの人生を楽しみたいと願っている。ところがそのささやかな願いを叶えるための商品が日本にはあまりにも少ないことが問題である。

一方で急速に拡大中の別の勢力がある。「ワーキングウーマン」である。日本の成人女性の就

図表9 2015年日本人の人口構成

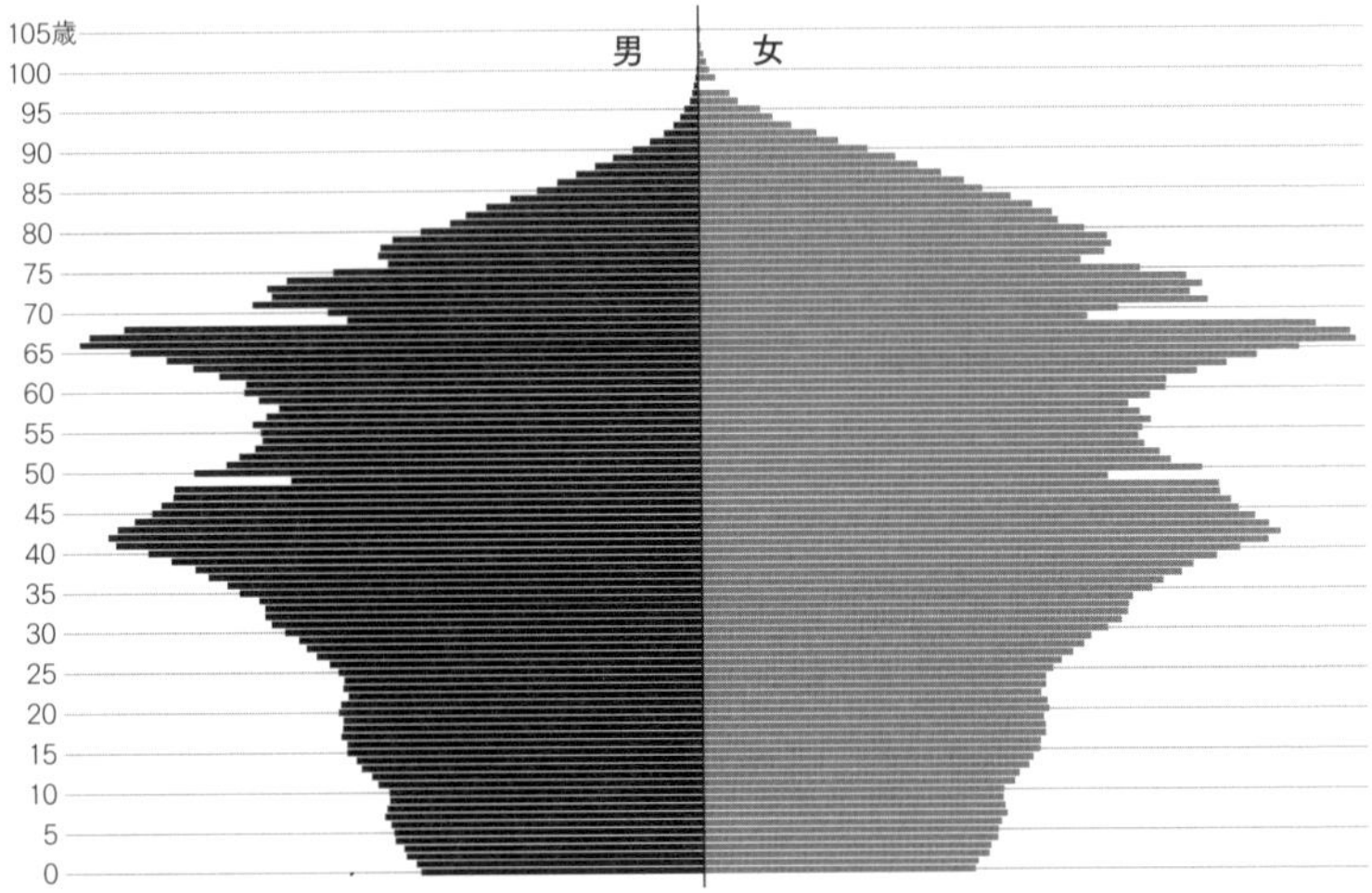

業率は今日72％に達している。ドイツ、イギリスなど女性の社会進出先進国の仲間入りをするほど急速に伸びているのである。年齢別構成比をみると、45〜54歳の就業率が各国ともに最大で、日本でも77％に達している。家庭を持っても持たなくても女性が働くのは当たり前の時代になっているのである。逆にいえば専業主婦の比率は下がり続けている。今後も減少し続ける見込みである。

日本の流通業は多数派消費者の暮らしの現状を学び直し、その暮らしのどのTPOSをねらうのかを決め直さねばならない。それを前提に商品を再構成し、めざすフォーマットを明確にすることが、本格的な競争に勝つための、緊急の決定事項である。

第2章

大チェーンになるための基本戦略

チェーンストア経営と支店経営の違い

支店経営の決定的な弱点

日本の流通業には個店対応を良しとする風潮がある。地域特性に合わせて店ごとに品揃えを変えることがあるべき形と思い込んでいる。それは店舗が標準化していないことに起因するもので、原因が異なるから結果が違ってくるだけなのだ。その原因を変えることなく、店単位にそれぞれの店長が努力することで問題を解決しようとしているのだ。

経営者としての多くの決断を店長にゆだねるこのような経営方式を「支店経営」と呼ぶ。チェーンストア先進国でも支店経営方式で運営する店舗はあるにはあるが、日本のように数兆円、数千億円の大企業までが支店経営を継続している例は少ない。

図表10は「支店経営」と「チェーンストア経営」の違いを比較したものである。支店経営は店ごとに異なる条件を受け入れ、それを前提にその都度最適を決める。発生するさまざまな事態は前提条件が違うために店ごとにバラバラだが、店長が問題発生の都度応急処置をするのだ。条件

が違うために他店の経験法則は通用しないから個店対応せざるを得ないのである。

一方のチェーンストア経営は最適な条件をあらかじめ決定する。店づくりから標準化しているのだ。だから全店共通のキマリを決めやすい。店が標準化しているからその後起こりうる事象はほぼ共通している。また1店の経験法則は全店に応用できる。したがって店数が増えれば増えるほどキマリの発動は効力を発揮する。実際には標準化した200店以上の店舗が一挙にマスのパワーを発揮するのである。

ところが支店経営は1店でも200店でも1店ごとの勝負だから、規模のパワーは発揮しにくい。大手スーパーマーケット（SM）が新商勢圏に進出してもしばらくは地元の小規模SMが対抗できるのは、大手も支店経営で、店対店の戦いになるからである。この場合、地の利がある方が当面の戦術は有利に働く。

かつて大手日本型スーパーストアが月1回の店長会議を招集し、店長の工夫による成功例を披露し、共有することで売上高の向上を図った例があった。店単位でできることだから販促やマーケティング対策が多かったはずで、一部の店舗の売上高向上に貢献したものの全店には波及せず、営業利益向上にも寄与せず、結局日本型スーパーストアというフォーマットは衰退した。

一方、チェーンストア経営は1店単位ではなく、本部と店の役割分担、そしてクリエイティブライン（商品部）、オペレーションライン（店舗運営部）など5職能が異なる機能を分業することで

図表10 チェーンストア経営と支店経営の違い

	支店経営	チェーンストア経営
Aシステムの特徴	店単位で勝負する	企業全体で分業して生産性を高める
B意味	店ごとに異なる条件に合わせてその都度最適を決める	標準化した200店以上でマスのパワーを生み出す
C本部の役割	①全店共通の事務作業 ②店の手伝い	①あらゆる方法の決定と問題の解決 ②未来対策
D店の役割	①店長が経営者としてその場であらゆる決定をする ②実際には後始末業務が多い	①本部で調査と実験を繰り返して決めた最良の方法を実行する ②オペレーションのコストコントロールをする
E商品	①地域特性に合わせて店ごとに変化させる ②既存の商品を店段階の従業者の努力と工夫で売る	①売る努力なしでひとりでに売れる商品を選ぶ、またはつくる ②消費者ニーズに基づいた自社開発品（SB、PB）を増やす ③消費者が経験したことがない便利さと楽しさを提案する
F技術	①店長の才覚 ②狭い範囲の経験と気配り ③応急処置の早さ	①バーティカル・マーチャンダイジング・システム ②マス・ストアズ・オペレーション・システム
G武器	属人的知識と感覚	①数値と理論 ②組織力――分業の仕方
H能力	①士気（モチベーション）の鼓舞――ガンバリズム、チャレンジ精神 ②気遣い	①方法論を確立できる専門知識と科学的思考 ②決められたことを完全実行する確実さ
I効果	1店ごとに異なる	規模の利益を享受する

企業全体の生産性を高める仕組みである。分業した個人の努力は組織のパワーに発展し、全店で効力を発揮するのである。

1店だけで終わる努力より、店数が増えれば増えるほどパワーアップする努力の方が、生きがいを感じられるのではないだろうか。

店と本部の役割の違い

支店経営の場合、主体はあくまでも店である。店長が経営者であるがごとく、あらゆる決定が店長にゆだねられる。したがって店長は大型店ともなると本部の部長クラスと同格になるくらいベテランの職務だ。そのため店長は育成しにくく、店は増やしにくい。店の役割の最重要課題が売上高の向上だから、その対策を考えて部下を使って実行し、数値を高められる店長が有能とされる。だから店要員を十分に配置し、店長の決定が直ちに実行できるようにするのだ。

実際のところ、支店経営でも店数が増えると本部の商品部が一括して仕入れを行うようになる。その方が大量取引になり、仕入れ価格が引き下げられるからだ。しかし支店経営なら店長からの要求は最優先だ。店ごとに異なる品揃えに対応するから、商品部の業務は煩雑化する。それでも人員配置は店が優先で、商品部要員は増やせない。そこでベンダーが商品部要員の代わりとなり、品揃えの提案や棚割り（プラノグラム）の作成に関わることになり、商品のスペシャルティは期待できなくなるのだ。店舗が標準化していない上に店長の異なる決定によって、看板は同じでも1店ごとに別々の店になっていくのである。

支店経営でも本部はある。しかし店が主体のため、そこで行われることは、①全店共通の事務作業と、②共通の商品仕入れ、③店からの要望で発生する業務、つまり店の手伝いと、④出店対策が主な役割となる。

その結果、店が主体と言いながら出店が決まってから店長が任命されるため、駐車台数不足や売場面積不足などの基本的な業態問題は店長には解決できない。それによって客数と客単価が決まってしまうのに、だ。また、商品が店に送り込まれてから売れない品をどうやってお客に売り込むか考え、お客の要望が出てから商品部に要求するのだから、それらはすべて後始末である。店長は先手が打てないのだ。なんともむなしい話である。

一方、チェーンストア経営なら、あらゆる方法の決定と問題の解決は本部が一手に引き受ける。お客の買物目的に合った品揃えの決定、適切な売場面積の確定、効率の良い業務・作業システムの構築、店のメンテナンスの方法、欠品なしで効率よく商品供給ができる物流システムなど、チェーンストア経営では本部の各部署があらかじめ先手を打つ。敵対するフォーマットの動向や出店可能立地の変化の研究、次の原動力となる新フォーマットの開発、消費者ニーズの変化に基づく商品開発など、予測できる未来に有利に作用する対策を立てるのも本部の任務である。

したがってチェーンストアの店舗の任務は、本部の各担当者が調査と実験を繰り返し、時間をかけて決めた最良の方法を実行する場である。店長は部下を使って本部で決めたキマリを完全に実行する。また店長は、それをローコストで行うことで営業利益を高める。その数値の変化で評価されるのである。

つまりチェーンストア経営では本部と店舗の役割分担が合理的なのである。

地域密着より最良の品揃えを提案

日本では「地域密着」という言葉をしばしば耳にする。しかしチェーンストア先進国ではそれを聞くことがない。チェーンストアが最良の品揃えを標準化しているからである。したがって、都市部に住んでいようと、農村地帯に住んでいようと、チェーンストアを利用すれば同じようにより良い生活レベルを維持できる。また、新商品開発による恩恵を平等に受けることができるのである。

地域の現状に合わせれば、暮らしの向上は期待できない。例えば東北地方の住人は塩辛い味が好きだからと惣菜の塩分を過多にしたら、成人病患者を増やすことになる。物流システムが発達していない時代、冬場は保存食に頼らざるを得なかったから塩分を過剰に摂取する習慣が付いていただけで、好んでそうしていたわけではない。従って地域密着は迷惑である。逆にそれほど優れた商品があり、特定の地域だけに流通しているなら、全国の全店に普及させるべきなのだ。

支店経営の場合、店長をはじめ全従業者が売上高を高める工夫と努力を期待されている。商品部が売れるかどうか分からないものを店に送ってくるからだ。売れるものでも数量確保が需要に合わず、欠品と過剰在庫が頻発する。完全に後手に回っているから店では解決しようがなく、手遅れなのに売れないと店のせいになる。このような状態がお客にとっても便利なはずはない。

しかしチェーンストア経営なら商品部は最初から売れるものしか店に送らない。この世に無数にある商品の中から自社のお客にとって最も有利な商品を厳選し、商品がなければ開発し、実験店で試売して選び直し、販売数量を確定してから棚割りを決める。それらの手順を踏んだ上で商品と棚割り表を店に送ってくるから自然に売れていく。売る努力をする必要がないのである。

売れ筋だけの売場はお客にとって楽しい買物の場である。販売量と陳列量は正比例しているから欠品が発生することなく、いつ店に行っても失望することはない。時には思いがけず便利で楽しい新提案商品に巡り合う楽しみもあるのだ。

店側にとっては売れ筋のみが売れる数だけで構成された棚割りは、商品管理が単純である。補充時、ディストリビューションセンターから届いた商品はすべて棚に収まり、後方在庫は限定されたものだけになる。売価変更作業も賞味期限切れ商品の排除作業も発生しにくいのである。

店長の才覚に頼らないのが、チェーンストア経営

支店経営の場合、頼れるのは店長の才覚である。店長は部下の社員とパートタイマーの創意工夫を奨励し、士気を鼓舞する。そうすることで包括委任した業務・作業の結果が良くなることを願う。

この場合の武器は「属人的な知識と感覚」である。だから人によって結果が異なり、「使えるパートタイマーと使えないパートタイマー」が出てくるのだ。

一方、チェーンストア経営の場合、武器は①数値と理論、そして②組織力である。人である以上、使えないはずはないのだ。そのまま実行できるマニュアルと簡単に使える道具または設備があれば人を選ばない。キマリがなくその都度熟考し、判断を迫られるからそれができる人とできない人が出てくるだけなのだ。だから能力(時給レベル)ごとに分業することで組織力を発揮するのがチェーンストア経営である。

分業とは人の手伝いをしないことだ。それぞれが自分に割り当てられた業務・作業を確実に果たすから、企業全体で計画的なマネジメントが可能になるのである。

支店経営の店舗で慣れたパートタイマーに包括委任している一連の業務を分解すれば、前述したように、全体の8割は最低時給のパートタイマーができることである。その作業を切り離して単純化し、マニュアル化すれば、今日来たばかりの新人パートタイマーにも15分教えただけでできるようになるのだ。考えさせても工夫させてもいけない。時間がかかるだけでなく、1人ごとに完成度が違ってくるからである。作業者がストレスなく、自然に、鼻歌交じりで作業できるようにすることがゴールである。

そのためには店でしなくてもいい業務・作業は本部またはセンター、そして製造段階で済ませる。つまり店ですることは店でしかできないことに限定するのである。繰り返すが、それは補充とチェックアウトと掃除くらいしかないはずである。

企業全体で合理的な仕組みをつくるための武器が数値と理論である。それ以外に信じられる武器はないと割り切らねばならない。

日本の流通業の主流は今のところ支店経営である。1960年代から始まった商業革新運動は、まず大型店の数を増やすことで企業規模を拡大して金融信用と人材確保を有利に進めようとした。そのため標準化対策を後回しにしたが、2000年までにスクラップ&ビルドで標準化した200店以上の本格的なチェーンを完成させる計画だったが遅れている。

支店経営からチェーンストア経営への移行を果たした企業が覇者となるのだ。

成長の原理

努力すれば報われるという錯覚

企業規模拡大がチェーンストア経営システム構築の前提になることはすでに述べた。金融信用や対仕入れ先からの信用、有能な人材などは企業規模を拡大することで得られる。それでシステム構築の土台ができるのだ。

そこで、どのような手段で規模拡大を果たすのかを問うと、経営者の多くは今の店舗で精一杯売る努力をして売場販売効率を高めるという。では、どのような努力をするのかと重ねて聞くと、①接客強化、②お客の意見を聞いて品揃えを変える、③流行の商品を取り入れる、④長時間営業をする、⑤特売の多発、⑥広告宣伝費をかけて遠くからの来店客を誘致する、⑦従業者それぞれに売上を伸ばすための工夫を奨励する、などと答える。

しかし、これらの活動で高まる売上高はうまくいったとしても2割止まりである。それ以上にはならない。なぜなら売場面積が同じだからである。商品が売れれば追加補充しなければならないが、売れ筋商品の追加仕入れは簡単ではない。どの企業も求めるため取り合いになるからだ。さらに配送や在庫保管、補充作業、その後の商品管理作業が膨大になる。だから急に客数が増えて販売量が増えても、2割以上の売上高増加は物理的に無理なのである。

ところが売上高が2割増えたとしてもそれに関連する販売コストも高まるから、収益はマイナスになる場合が多いことを忘れてはならない。

経営者と従業者、それぞれが考え、工夫しさえすれば規模拡大が叶うと考えるのは短絡に過ぎる。効果のあるアイデアを捻出するには専門的な知識がいるが、それを学ぶためには知識吸収力のある有能な人材の用意と時間とコストがかかるのだ。専門知識のない人達がむやみに努力しても、よい結果が得られるはずがない。

1960年代以降、チェーンストアをめざす流通企業は年商数千万、数億円の小規模から30年ほどの短い期間に1000億、1兆円を超えるまでに成長した。それは企業規模拡大の原則を学び、忠実に再現したからにほかならない。

規模拡大の原理

規模拡大の原理は適正規模の売場面積を保有する店舗×店数である。小さすぎる店舗でも大きすぎる店舗でもなく、めざすフォーマットとして品揃えと作業システムとマネジメント上、最適な面積の店を数多くつくることである。ローコストオペレーションを前提にしながら年坪10万円以上の営業利益高を確保できる売場面積を突き詰めて、標準化した店舗を増やすのだ。そうすれば売上高は店を増やす都度、一定の割合で確実に増加する。

標準化のモデルとなるプロトタイプ（原型）を決めるために、商品部も店舗運営部も物流担当も店舗開発部も店舗レイアウト担当も、それぞれが最適な状態を開発しなければならない。利害が相反するなら会社全体としてどちらを優先するか決める。その集大成がプロトタイプである。

次に、1店の売上高は客数×客単価の結果である。遠くからお客を呼び寄せるより近所に住む老若男女、つまり広い客層を対象とした品揃えで客数を増やす。ターゲットを絞って一部のお客だけに必要なものだけに限定すれば客数は少なくなるからだ。

チェーンストアは客層を広げ、同じお客の来店頻度を高めるのだ。そうすれば店の近所に住む少ないお客を対象にしても客数が多くなる。つまり小商圏で成立する店となるのだ。小商圏フォーマットは店数を増やしやすいことが特徴である。

そのためには、日常頻繁に購入する品種、品目を選び抜いて強化する商品対策が不可欠である。業態対策としてはショートタイムショッピングのために自動車での出入りがしやすい店にすることと、来店頻度の高いほかのフォーマットと同じショッピングセンター（SC）に入居することが最重要課題である。今のところ不完全なセルフサービスを完全化する対策も不可欠である。

一方、客単価は高いものが売れることを期待するのではなく、低価格化で買い上げ品目数が増えるように仕向ける。1品単価を上げると買い上げ品目数が減り、客単価が下がることが多いからだ。加えてお客の来店頻度が下がるから、高額品の扱いで一時的に客単価は上がったとしても数カ月後に客数が減り、かえって逆効果になってしまうのだ。

客単価は買い上げ品目数が増えることで自然に高まる。そのためには1品単価は下げ続けねばならない。この店はお買い得という信用がお客に根付けば、多くの品を他社で買わずに自社で買ってくれるようになる。買い上げ品目数の増加は来店頻度の増加にもつながるのである。

買い上げ品目数を高める対策として低価格化が最も効果的だが、それだけではない。来店時のお客の動線も買い上げ品目数と大いに関係するのだ。動線が短ければ買い上げ品目数は少なく、長ければ増える可能性がある。もちろん商品の価値次第だが、お客が商品の陳列位置まで到達しないのでは購入の可能性はないのだ。

客動線を長じる方法は理論化されている。それがチェーンストアのレイアウト理論であり、商品のプレゼンテーション理論である。

さらに、新しい品種開発も欠かせない。消費者にとって未知の分野で暮らしの豊かさを提供するPB商品の登場は、買い上げ品目数と固定客の増加につながるのである。

年間30%ずつ売上高を増やせば、10年後に企業規模を13倍にできる

売上高は結果である。不動産物件の出たとこ勝負でその都度立地条件と面積とかたちの異なる店をつくり、売場面積に合わせて部門構成を決め、問屋の提案にしたがって商品を仕入れて、店長をはじめ店の従業者に売る工夫を強いても売上高は増やせない。何をするにも店ではすべて手遅れだからだ。本部の決定段階ですでに売上高は決まっているのである。

そこで売上高を構成する数多い要素を分解して、職務ごとに数値向上の責任を分業すれば売上高は確実に向上する。標準化が進めば、自然に売上高予算が全店舗で確保できるのである。先に述べた売上高の要素を数え上げると、①店数、②1店当たりの面積（適正規模化）、③客層拡大、④低価格化、⑤来店頻度の増加、⑥客1人当たりの買い上げ品目数の増加、⑦客動線の伸長、⑧セルフサービスの完全化、⑨駐車場の整備、⑩SCへの移転などである。加えて⑪新品種開拓、⑫PB化などの商品対策がある。これらのテーマを各担当部署が分担し、新たなテーマならラインスタッフとして独立させて、数値向上に取り組むのだ。

1年間に3つのプロジェクトが1割ずつ数値を向上させれば、図表11のⓐのように売上高規模は1・3倍になる。そのなかの1つのプロジェクトを2割向上させればⓑのように1・4倍にな

図表11 売上高規模拡大の方程式

ⓐ	1.1	×	1.1	×	1.1	=	1.3
ⓑ	1.1	×	1.1	×	1.2	=	1.4
ⓒ	1.1	×	1.2	×	1.2	=	1.6
ⓓ	1.2	×	1.2	×	1.2	=	1.7
ⓔ	1.2	×	1.2	×	1.3	=	1.9
ⓕ	1.3	×	1.3	×	1.3	=	2.2

図表12 売上高規模拡大の想定値

	10%増	20%増	30%増	40%増	50%増	70%増
5年後	1.6	2.5	3.8	5.5	7.7	14
10年後	2.6	6.2	13	28	57	201
15年後	4.2	15	51	155	437	2862
20年後	6.7	38	190	836	3325	40624

るのである。

その努力を継続すれば、図表12のように売上高規模の倍率は膨大になる。10％の増加を10年継続すれば規模は約2・5倍になるが大した倍率ではない。しかし30％の増加なら10年後に13倍、さらに20年後には190倍にすることが可能である。

実際に1960年代にチェーンストアをめざして急速成長した企業の多くは、①面積の拡大と、②ローコストなサバブ出店による店数の増加と、③大衆実用品の低価格化だけで図表12の一番右に近い倍率を実現したのである。組織分業の成果である。実際には同じ比率で増えるのではなく、3年に1回くらいの頻度でどのテーマも努力が実らない年もある。逆に予想以上に成果が上がる年もあるから平均したらこうなる。

分業により、数多くの改革テーマに取り組む

今日では多くの小売業フォーマットがオーバーストアとなり、そのままでは店数の急速な増加は見込めない。新フォーマットへの乗り換えが不可欠だが、数多い既存店対策も差し迫ったテーマである。そこで少ないテーマで高い倍率を望むより、人材を動員して数多くのテーマに同時に取り組んでいればそれぞれの増加率が低くても総合効果は大きくなる。

現状の既存店客数の減少は深刻だ。したがってフォーマットの再構築は必須である。乗り換えるための新フォーマット開発とは別の問題だ。消費者の暮らしのどの部分を担うのか想定しなおし、それに合わせて適正規模、商品部門構成、品揃えの重点を決めなおすのだ。それらを前提に向上させるテーマと数値目標を決め、新たな組織を編成する。それはこれまでなかった職位名の辞令が数多く発行されることを意味する。

結果として客数と買い上げ品目数が徐々に向上し、既存店売上高増加率は年々数％ずつ高まっていく。アメリカの大手チェーンは増え続ける客数により、10年前にすでに完成したドミナントエリアに新店を加えることができる。年々向上する買物の便利さと、商品の楽しさ・便利さで客1人当たりの買い上げ品目数と来店頻度が増えて、さらなる小商圏化が進行するからである。

数値向上対策の基本は先に挙げた12項目である。分解すればさらに詳細なテーマになるはずだ。

先行すべきは業態（商品の販売方法）である。まずは①適正規模の確保だ。とくに狭い店は競争に負けるからスクラップすべきである。重点は②公道から店の敷地に出入りしやすいことと、③駐車場の完備、④立ち寄りやすいＳＣへの入居、⑤敷地利用と⑥店内レイアウトの単純化、⑦セルフサービスの完全化である。最適な方法を実験で見つければすぐに実現できることばかりである。

同時に商品対策に着手するが、育てるには時間がかかる。仕入れ商品だけでなく自社ブランドで勝負するには、産地開拓と実験と育成に時間が必要だからである。

それらの改革を分業する人材はいるはずだ。大卒の定期採用は数十年間継続しているし、現場の経験は計画的な配置転換により進めている。問題なのは理論勉強である。教育費はかけているものの教育方針が曖昧で、トレンドに乗って言い分の異なる講師の講演会を開いても、それでは改革のテーマに取り組めない。応用する理論を知らなければ先に進めないのである。

チェーンストア経営の理論を基本から学びなおすこと。それがきっかけとなり、売上高規模の拡大計画がスタートするはずである。

やみくもに皆で頑張っても結果は微細な増加にしかならない。なぜなら科学的根拠がないからである。詳細で継続的な拡大計画のもと、幹部と幹部候補生全員が分業して異なる改革のテーマに取り組まねばならない。

売上高の規模は総面積に正比例する

チェーンストア経営システムを構築するためには、企業規模の拡大により土台をつくらねばならない。前述したように資金調達のための金融信用をつけることも、システム化に欠かせない有能な人材を確保することも、年商が多いほど有利だからだ。

1店が2店になれば、売上高は2倍になる。さらに増やして10店になれば売上高は10倍に増えるのである。

次に売場面積500坪が常識だった時代に、その2倍の1000坪で多店化すれば、売上高はさらに2倍となり、10店なら20倍になる。これがスーパーストア化の経営戦略で、日本型スーパーストア、ホームセンター、スーパーマーケット、各種専門店、ドラッグストアが2倍どころか既存店の5倍以上の売場面積を確保して多店化した。そのおかげで年商1000億円、1兆円を超える大手流通企業が出現したのである。

急速に規模拡大を果たした企業に共通する特徴は、フォーマットにかかわらず店舗開発が強かったことだ。もちろん偶然ではない。意図的に人数を増やし、有能な人材を抜擢し、教育費を投入し、調査研究予算の割り当てを強化してきた結果である。さらに新店をつくるたび、それを運営する店長以下の人材育成に努めてきたことも共通している。

つまり売上高の規模は、個人の売る努力で拡大するものではない。総売場面積を拡大することで向上するものなのである。したがってチェーンストア経営システムでは、売上高に責任を負うのは店長ではなく、店舗開発である。正確には客数に責任を負うのである。

店数を増やすには、地価が安く客数増加が見込める有利な立地を選び、ローコストで店をつくらねばならない。繁華街に出店すれば、客数が多くなるから有利だと考えがちだが、出店コストが高額になるから多店化には向かない。コストを3倍かけても、坪当たりの売上高は3倍にはなり得ない。よくて2倍止まりである。それならサバブに3店つくれば、売上高は3倍になるのだ。

サバブに立地がなくなったという話を聞くが、それでも探してくる企業とそれができない企業とで格差が生まれている。本格的な競争時代に入り、生き残り、さらに拡大する企業と淘汰される企業に分かれる兆候である。

3種類の適正規模

これまではより広い売場面積を目指してきた日本のチェーンストア志向企業だが、今後多店化するフォーマットの標準化モデルを決め直さねばならない。狭すぎる店も広すぎる店も効率が悪くなるので適正規模化が急務である。

そこで適正規模は3つの方向から検討されねばならない。

第1にお客にとって必要な品揃えを確保するために必要な面積、つまり「品揃えの適正規模」である。出店規制をかいくぐるために小型店を増やした企業が競争に負けるのは、この点でお客に不便だからである。

しかしフォーマットの確立から数十年たち、新たに開発された小売業フォーマットの種類も増えている以上、自社の商品部門構成と部門ごとの品揃えがお客に便利なのかどうかの見直しが必要である。日本型スーパーストアもホームセンターもドラッグストアもそれぞれ異なる企業同士の品揃えが同質化しているが、フォーマットの再構築が遅れると他フォーマットの侵略を許すことになりかねない。同質化すれば異なる企業でも弱点は同じで、新興勢力にフォーマットごと付け入る隙を与えてしまうからだ。

現在の競合状況から脱却するには自社の商品構成と商品部門ごとの売場面積を決め直さねばならないのだ。

2番目の適正規模は「作業システム上の適正規模」である。店を何人の従業者で運営するのが最も効率が良いのか、そのための面積を突き詰めるのだ。

労働生産性から逆算した目安は、食品フォーマットの場合、フルタイム換算1人20坪、非食品なら60～80坪の整数倍である。

例えば衣料専門店なら1人60坪として売場面積は120坪か180坪か240坪と、60の整数倍になる。また坪当たり売上高が低く、荒利益率の低い非食品フォーマットなら1人80坪の整数倍で計算する。

第3の適正規模は「マネジメント上の適正規模」である。自社が管理可能な面積を問題にする。検討すべき内容は全店の8割以上の店舗で、1坪当たり年間営業利益高を10万円以上確保できる面積が何坪かである。それが一店当たりの適正面積である。

日本のスーパーマーケットの場合、A級企業なら360坪ほどになるが、最近のオーバーストア化でその収益性の確保が難しくなっている。

しかし、マネジメント上の適正規模が狭いからといって、それに合わせて売場面積を狭めると品揃え上の適正規模が不足し競争に負ける。したがって3種類の適正規模の条件を総合的に検討して決め直さねばならない。

過渡期として収益性の低い商品部門は直営をやめてコンセッショナリーやラックジョバーを導入することでお客にとっての利便性を確保し、企業にとってはマネジメントしなくて済む売場をつくるのだ。

この制度はアメリカのチェーンストアでは広く導入されている。スーパーマーケットの調理器具、化粧品、ペットのアクセサリーはコンセまたはラックジョバーが多いのだ。このフォーマッ

図表13 品揃え上の適正規模の実際（アメリカの実情と日本のあるべき形）

チェーン化フォーマット	アメリカの実情	日本でのあるべき売場面積	日本での商圏（行政区域ではない） 過半数のお客の片道時間	日本での商圏（行政区域ではない） 人口 現在必要数（左） 将来数（右）
	坪	坪	分間	万人
ジュニアデパート	2000～3000	2000～3000	30	30→20
ホームファニシングストア（ソフト＆ハード）	1000～2000	600～1000		
メンバーシップホールセールクラブ	1500～3500	500～2000		
モデレートプライス（中価格帯）スペシャルティストア	60～200	250～600	25	20→15
ハードグッズと家電	600～1500			
ディスカウントストア（非食品のみ）	2300～3500	2100～2800	20	15→7
ポピュラープライス（低価格帯）スペシャルティストア	80～400	200～350		
ホームファッションストア	500～1500			
ホームセンター（DIY）	屋内2500～3000	屋内500～800 屋外200～400		
ワンプライスストア	100～500	50～150	10	5→3.5
スーパードラッグストア	300～500	200～400	15	7→3.5
バラエティストアとオフプライスブランデッドストア	120～800			
ファストフードサービス				
ファミリーレストラン			15～20	10→7
コーヒーショップ				
スーパースーパーマーケット	700～1000	500～800	10	5→3.5
リミテッドアソートメントストア	200	80～200	5	2→1

トにとって主力の食品部門に商品部員を集中させるために、補助である非食品は他社に任せるのである。

規模拡大の原動力は、適正規模×店数＝総売場面積の増加である。それに坪当たり売上高をかけた数値が企業の売上高である。今日のオーバーストア状況の中では、立地と適正規模の確保が難しくなる。だが、この難関を乗り越えて適正規模の多店化を果たした企業が勝者となるのだ。

小商圏店舗でドミナントエリアをつくる

こうしてチェーンストアは適正規模の店舗を数多くつくることで規模拡大をめざすが、次のテーマが「小商圏化」である。

人口１００万人の商勢圏に、必要商圏人口が１００万人の大商圏店なら1店しか成立しない。ところが必要商圏人口が10万人の中商圏店なら10店つくれる。２万人の小商圏なら50店つくることができるのである。

チェーンストア経営システムはマスのご利益《りやく》を享受する仕組みだから、店数を増やしやすくしなければならないのだ。

１００万人で1店つくるか１００店つくるか、結果は大きく違ってくる。もちろん、１００店の方が売上高も利益高も投資効率も、何よりも社会への影響力が強くなるのである。したがって、チェーンストア経営には商圏人口の縮小化が欠かせないのである。

商圏人口を縮小するには第一に、客層を拡大することである。第1章で述べたが、近所に住むすべての住人が来店してくれれば必要商圏人口は少なくて成立する。第二にその広い客層のお客の来店頻度が月1回ではなく2回になり、週1回ではなく2回に増えれば、客数が増加し必要商圏人口はさらに縮小する。

この2つを実現する決め手は品揃えの変更である。年齢や性別に関わらず人口の8割の大衆が頻繁に使う品を安く提供することができれば、客層と来店頻度は向上する。しかも独自の開発品が増えることで、他社と差別化できるからもっと有利である。

それによって買い上げ品目数も増える。売価が下がっても客単価は向上することになるのだ。小商圏で成立する店舗を他社が入り込む隙間なく埋め尽くす、それがドミナントエリアである。チェーンストアは適正規模の標準化した店舗でドミナントエリアをつくりながら多店化する。だからマス・ストアズ・オペレーションのパワーが発揮できるのである。

間違えやすいのは、遠くに住むお客が遠路はるばる買物に来てくれることで客数増を望むことだ。そのために広域にチラシを撒いたりする。しかし遠くから来店するのは不便だから固定客にはなり得ないし、大商圏店は多店化できない。

店舗開発が総売場面積を増やす一方で、さらなる売上高拡大のためには1店当たりの客数を増やすことが求められる。開店してしまえばこの数値の向上責任は商品部が負う。店長ではない。商品がよくならなければ客数は増えないからである。

チェーンストアは店ができる前からあらゆる結果が想定できる。良い結果が出ると証明されているから店をつくるのだ。支店経営方式のように店のふたを開けるまでどうなるか分からず、店づくりの最後に関わる店長がすべての責任を取るのとはまったく逆なのである。

価格政策の軌道

低い価格帯を狙う

大チェーンになるためには低い価格帯を狙うべきである。低ければ、人口の8割に当たる大多数の消費者が頻繁に来店してくれるからである。固定客が育ち、その来店頻度が高まれば、店は小商圏で成立し、店数が増やせるのだ。

ところが、日本には「可処分所得が多いから高額所得者が好む高額品を売る方が得だ」という論説がある。しかし、これには反論が2つある。

第1に、高額所得者の数は少ない。図表14のように総務省の家計調査では年収1250万円以上の世帯は5％、国税庁の給与実態調査では1000万円以上の世帯は約4・2％と、極端に少ないのだ。これではビジネスにならない。

チェーンストアがターゲットとする8割の大衆とは、総務省調査では年収250万～999万円の81・9％、または300万～1249万円の80・4％となる。そして国税庁調査なら年収2

図表14 消費者分布調査

A. 消費支出

世帯年収（万円）	分布率（%）			月（万円）
〜249	7.5			12〜18
250〜299	7.1			19
300〜449	26.8	81.9		22〜25
450〜649	25.3		80.4	26〜29
650〜999	22.7			31〜37
1,000〜1,249	5.6			41
1,250〜	5.0			48〜57
平均	—			29.1万円

（総務省「家計調査平成26年〈2人以上の世帯〉」7,774世帯調査）
註.299万円以下の世帯主平均年齢は60歳台

B. 勤労者給与額分布

年給与額	分布率（%）		
100万円以下	8.8		
200万円以下	15.2		
300万円以下	16.9	82.7	
500万円以下	31.3		71.8
800万円以下	19.3		
1,000万円以下	4.3		
1,000万円超	4.2		

（国税庁「民間給与実態統計調査」平成26年）

00万〜800万円の82・7%である。こちらの方が高額所得者よりはるかに多数である。広い客層を狙わなければチェーンストアは成立しないのである。

第2の反論は、高額所得者だから常に高額品を購入するとは限らないことである。

例えば、高額所得者がトイレットペーパーや歯磨きペーストやソックスを買うのに、一番値段が高いものを選ぶだろうか。何でも高いものしか売っていない高級スーパーマーケットや百貨店で買うだろうか。そんなことはない。

生活費に余裕があっても、無駄な出費はしたくない。だから、トイレットペーパーや歯磨きは普通の品質で値段の安いものを選ぶのだ。その点は多数派である8割の消費者と同じである。

ソックスはビジネス用なら少し高くても耐久性

のあるものを選ぶかもしれないが、普段用は普通の品質で値段が安いものを選ぶだろう。これも普通の消費者と同じ購買行動である。

なお購買頻度は売価と密接に関係している。売価が低ければ購買頻度が高くなり、売価が高ければ購買頻度は低くなる。つまり売価と購買頻度は反比例するのである。

だからこそ、低い価格帯を狙う方がマスになるのだ。所得の多寡にかかわらず、共通に使うものは、まず低価格品なのである。

品質が不完全なら「100円でも高い」

流通業界では低価格品を軽視する傾向がある。低価格品イコール粗悪品という思い込みがあるのだ。

それとは別に、売価と品質が別々に論じられる例が多い。「お客は高品質を求めている」と言って、売価を無視して高級品を売りたがる。

日本では高額品の仕入れが簡単にできるので、少し扱い始めると一挙に同様の高額品の扱いが増え、死に筋だらけの売場になりやすい。

逆に、「低価格化が競争に不可欠」と言って品質を犠牲にすると、これも当然ながら死に筋となる。いくら安くても品質が売価に見合っていないなら結局使えないからである。

品質は売価に見合うかどうかで評価されるものだから、常にセットで検討されなければならない。どちらか一方だけを取って、良しあしは決められないのである。100円だから安いのではない。品質が不完全なら100円でも高いのだ。100円以上の品質が確保されていればこそ、「バリューがある」と評価されるのである。

チェーンストアは「安くて良い」ものを消費者に提供する。「高くて良い」ものでも「安くて悪い」ものでもない。売価に対して品質にそれ以上のバリューがある商品を提供しなければ、消費者を味方に付けられないのである。

品質についてはいくらでも良くすることができる。しかし、売価を下げることと並行して実現させなければならないので、良くするには限度がある。したがって、「良くする」より「適切にする」というのが正しい表現である。お客にとって必要以上の高品質は、売価引き上げにつながるだけでなく、かえって使いにくくなることが多いからである。

チェーンストアは、安くて適切な品質を持つ高いバリューの商品を提供する。低い売価でも品質に妥協してはならないのである。

価格帯を狭めて価格イメージを明確にする

固定客に繰り返し来店してもらうためには低い価格を扱うだけでなく、価格帯を狭くしなければならない。そうすることで、低価格イメージを消費者に定着させることができるのだ。

ところが、日本の小売業の多くが安いものも高いものもいろいろ揃えることがお客にとって豊富な品揃えの条件だと思い込んでいる。

しかし、そうすることで企業の価格イメージが希薄になる。いろいろあるから、どの価格帯を取っても不十分な品揃えとなる。同じような広さの店内にチェーンストアらしい狭い価格帯だけを扱う店と比べられると不利になるのだ。

日本型スーパーストアのキッズ、ベビーの売場は平均250坪ある。この分野の専門店の西松屋チェーンの売場面積もほぼ同じである。品種構成も似通っているが、まったく異なるのが価格政策である。どの品種を比べても両社の売価下限はほぼ同じなのに上限がまるで違う。日本型スーパーストアは下限の4倍が上限になるのだが、西松屋は1・5倍である。つまり西松屋の方が価格レンジ（売価の下限と上限の幅）が狭いのである。

同じ面積で価格レンジが広い日本型スーパーストアと狭い西松屋チェーンを、お客に人気のある低い価格帯で比較すると、西松屋チェーンの方がはるかに有利である。日本型スーパーストアが高いものを並べている面積の分も西松屋は低い価格帯の商品で埋めているから、選択肢が多くなり、売れ筋の陳列量を増やすことができるからである。

実際にＰＯＳ（販売時点情報管理）データ分析をすれば、どの商品部門でも品種グループでも、日本型スーパーストアの高価格帯は死に筋である。お客の要望やベンダーのお薦め、バイヤーがトレンドを扱いたがることで高い価格帯は増えるのだが、実際にそれらを購入するお客は少ない。チェーンストアが店数を増やすにはプライスイメージが明確でなければならない。そのためには高い価格帯のものがあってはならないのだ。低い価格帯だけに集中すべきである。お客に人気のある低い、そして狭い価格帯が競争の武器になるのである。

価格ラインとプライスポイントは少なく

プライスイメージを左右する要素は価格帯だけではない。価格ライン、つまり、売価の種類も影響する。売価の種類は少なければ少ないほどプライスイメージは強力になるのだ。

例えば、１００円ショップで買物をするときは、誰も値段の違いによる品質の格差を問題にしない。すべてが同じ値段であることを知っているからである。必要か不要か、好きか嫌いかだけで品選びができるから気楽で楽しい買物になる。検討項目が１段階省けるからである。

ところが、値段が69円、88円、99円、118円、138円のものと5種類あったら、品質がどう違うのか、それぞれの差異を検討しなければならない。必ずしも高いものがいいといえない半面、安いものがいいとも即断できないから、10円や20円の売価の違いが品質の違いとどう関わっているのか、売場に立ったまま精査しなければならなくなるのだ。

品質の違いが一目で分かればいいのだが、多くの場合はわからない。仕入れ値に一定の値入率を掛け算して売価を決めただけだから、売価の違いにはとくに意味がないのである。この値入れは実に不親切である。

チェーンストアはお客がその商品をいくらなら買いたいかを追究し、売価を決めてから仕入れ値を逆算して、仕入れや商品開発をする。そうしないとお客の人気を獲得することができないのである。

お客が買いたい価格がそう多いはずがない。100円ショップのように価格ラインを全店一律に統一することは必ずしも必要ではないが、チェーンストアなら品種ごとに価格ラインを1～3種類に集約するべきだ。

そしてその中の一番の売れ筋価格に品目と陳列量を集中させる。その売価がプライスポイントである。それが企業のプライスイメージを決定することとなるのだ。

売価の下限と上限の幅（プライスレンジ）、そしてプライスラインとプライスポイントは、商品構成グラフの形で商品部長がバイヤーに指定する。その結果、商品部門間の商品レベルが自然に統一され、お客の買い上げ品目数も増えるのだ。

日本でもチェーン化を目指す企業は総合フォーマットも専門フォーマットも同様に、低く狭い価格帯に集中して売場面積を使っている。そして各社の商品政策は商品構成グラフを作ることで知ることができる。

価格イメージづくりの巧拙

図表15の8種類のグラフはそれぞれ左端の売価下限から始まり、価格ライン（売価の種類）ごとの陳列量により線は上下し、右端の売価上限で終わる。その幅がプライスレンジである。

見方は次のとおりである。

縦軸のAとBの違いはプライスライン、つまり売価の種類数である。Aは2～3、Bは5である。印の××から◎までは評価である。

ちなみにプライスラインが1本だけならグラフ上には横軸の売価と縦軸の陳列量の位置に点として表現される。

プライスラインの数が多いとプライスレンジも広くなり、値段の高いものが増える。また、お

図表15 低価格イメージをつくるためのプライスライン　好例と悪例

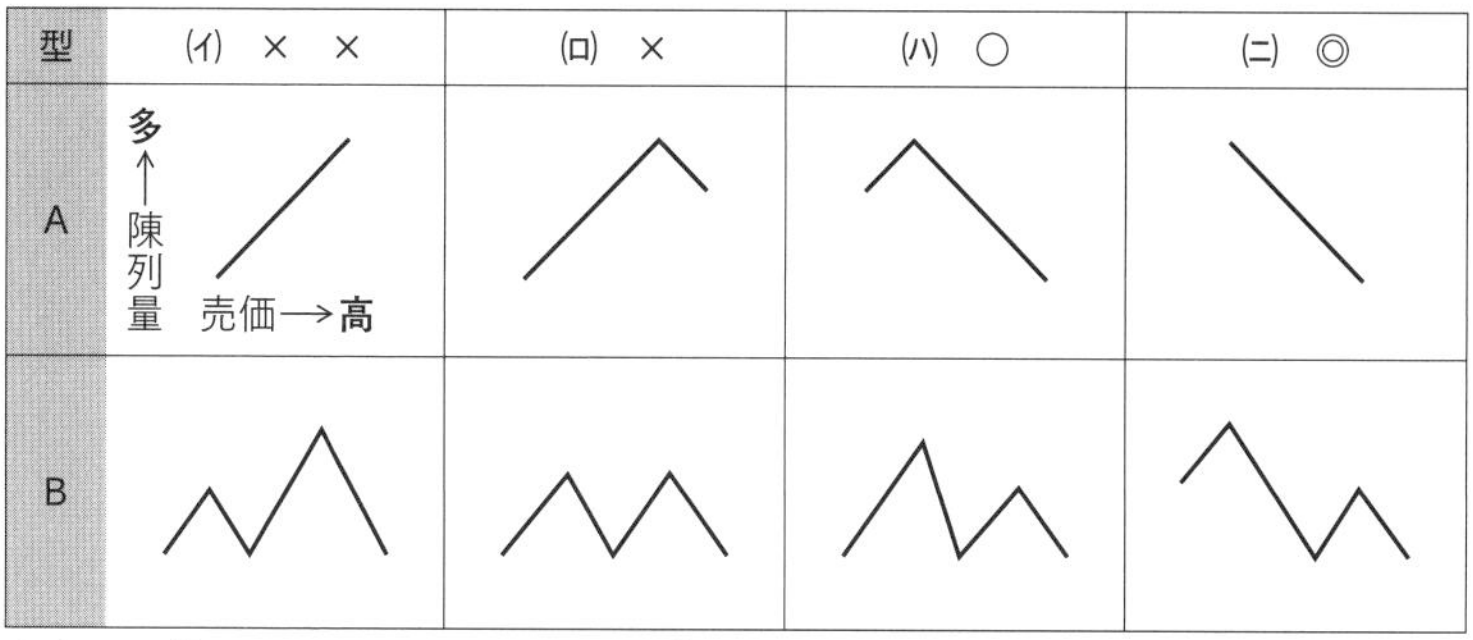

◇急所　①どこよりも安い品があってもプライスレンジ(売価の下限と上限の幅)が広がると値段が高いイメージとなる
②陳列量が最大の売価がイメージとして強烈となる
③プライスライン(売価の種類数)が多いとプライスイメージは希薄となる
④低購買頻度品を主力として扱う場合は選択肢が必要なためB型になる

客は品選びの際に価格と品質の違いを解明することで自分の目的に最も適した品を選ぶが、数が多いとその作業に時間がかかりすぎて忍耐力が維持できず、選べなくなるのだ。だからプライスラインは集約しなければならない。

仕入れ価格はまちまちでも売価の種類は少数に集約する。そのためには品目ごとに値入れ率が変わることになる。店側が売りたい価格ではなくお客が買いたい価格に設定するのである。現状は値入れをバイヤー任せにしているが、値入れ手法の教育をしていないから機会損失が大きい。

次に、表の横軸の(イ)~(ニ)はプライスポイント、つまり折れ線の突出した売価の位置の違いである。左の売価下限に近いほうにプライスポイントがあったほうが安さイメージは強調されて有利である。低い売価に品目数が多く、売れ筋品目の陳列量が多いから競争力が高くなるのだ。

プライスポイントはその店に対するお客の価格イメージを決定する。安いものを持っていたとしても、プライスポイントが右寄りの売価上限に近い位置にあると、お客に与える価格イメージは悪くなり、値段の高い店になる。

また、プライスレンジが広いと価格イメージが曖昧になりやすい。したがって新興勢力が台頭するには既存勢力の価格レンジの左寄りの狭い部分に集中すれば割り込める。もちろん、より低価格の商品を提供できればさらなる武器になるが、ソーシング（商品の調達先を捜す）に時間が必要なのでまずは価格レンジを狭めることから始めるのだ。

高いものを排除して安いものしか扱わない、そして左寄りにプライスポイントのある店は安さイメージが定着しやすいのである。

総合評価は図表15Aの(ニ)が最も安さイメージが強くなる。プライスラインは下限と上限の2本のみだからグラフはそれをつなぐ1本線になる。しかも下限のプライスポイントに選択肢と陳列量が集中しているからお客は選びやすい。また、安さだけでなく品揃えの豊富感も表現できるのである。

ストレスなく買物できるのがEDLPの本質

EDLP（Everyday low price）は1980年代にアメリカのディスカウントストアチェーン、ウォルマートが開発した新たな商品の提供方法である。

当時はアメリカでも特売期間中だけの特価で、期間が過ぎれば元の値段に戻るハイ&ロー方式の売り方が一般的だった。したがってお客が商品を特価で購入したければ、仕事や用事をやりくりして、限られた特売日に来店しなければならなかった。

ところがウォルマートが開発したEDLPは、特売価格が13〜26週と長期に継続するために、お客は自分の都合で来店日を選べて便利であった。そのため繰り返しウォルマートを利用するお客が増え、固定客となり、ウォルマートは他社との差別化に成功したのである。

日本ではEDLPが間違って理解されているようだ。毎日日替わり特売やタイムサービスを実施することがEDLPだと思い込んでいる。しかし特売品目がその都度違うのならハイ&ローであってEDLPではない。特売の頻度が高まっただけだ。ローの日は週のたった1日または限られた日の数時間だけで、他の6日間以上は売価がハイに戻るのだからお客が希少なチャンスをものにするのは並大抵ではない。

アメリカではウォルマートがEDLPを定着させた後、とくにスーパーマーケットやバラエテイストアなど、高来店頻度フォーマットにEDLPが普及し、短期特価特売が激減した。そのために新聞への折り込みチラシ広告が店頭に置く広告に代わり、新聞広告は週末に数ページと、これも激減した。

EDLPのパイオニアであるウォルマートの考え方は、短期特価特売にかかる店側のコストを、いつでも同じ低価格にすることでお客に還元し、定期的な来店を促すことなのである。

非食品のフォーマットは来店頻度が低いため、来店を喚起するための短期特価特売をアメリカでも実施している。しかし日本のような1〜3日の短期間ではない。短くても7日間は継続するから、お客は都合のよい曜日と時間帯を選んで来店することができる。特売品が欠品していたら、次の来店時に特売を実施していなくても今の特売価格で購入できる証明書（レインチェック）を店側が発行する。だからお客は安心して来店できるのである。

EDLPの効果はこの点にある。お客が自分の暮らしのリズムに合わせて、都合の良い曜日と時間帯にストレスなしに買物ができることである。

しかし1日限りの特売ならその日に店に行くしかない。皆が同じ思いだから店が混雑する。通路は特売品の島陳列でせき止められ迂回《うかい》しなければ先に進めない。欲しい商品はタイムサービスだから諦めざるを得ない。列に並ぶ時間は無駄だからだ。

混雑に閉口してレジに向かえばまたもや長蛇の列で、レジ係は不親切極まりない。それが分かっていて最悪の買物環境をわざわざ演出する店が、「お客が第一」などといくら言っても絵空事にしかならないのである。

ハイ&ローはハイコスト

アメリカの店舗では日本の特売日のような大混雑はクリスマス直前以外まずあり得ない。もちろん週末の客数比率は高いが、ＥＤＬＰなら客数は想定できるから作業割り当ても稼働計画も同じリズムでこなせるのである。

ハイ&ローは店側にとってハイコストになることが問題である。

まず商品部では特売品の仕入れに時間がかかる。特売の都度数多くの特売品の調達のために特別な交渉や契約に時間がかかる。その後でバイヤーは広告の製作にも時間を使っている。

もっと問題なのは店段階における特売の準備作業である。陳列作業、ＰＯＰの取り付け、在庫の移動など、膨大な人時数を要する。さらに補充、レジの増員、駐車場の警備員の増員など、客数の急増に伴う付帯業務に膨大な人件費がかかる。

さらに特売が終了したら後片付けがいる。陳列を元に戻し、ＰＯＰ広告を取り外し収納する。特売品の残りは後方に積み上げるが、収容できない過剰在庫なら店間移動のコストがかかる。

多くの場合、後方在庫の半分以上が特売の残りである。ちょうどうまい具合に売り切れることは少なく、残ることの方が多いのだ。それらは毎週累積する。店長がスペースを見つけてなんとか売場に押し込むが、なかなか処分できずさらなる値下げが必要となる。そのうち次の特売品が来て新たな特売日のために売場を明け渡さねばならず、また後方に戻される。こうした店内物流作業は正確に計測されたことがないから誰も問題にしないが、まったく無駄な経費である。

特売には他に広告費がかかることも忘れてはならない。

これらのコストを綿密に計算すれば驚くほどの金額になるのだが、特売による荒利益高の増加分でまかなえるなら効果があったことになる。しかし現実にはマイナスになることの方が多いのである。

特売日にはバーゲンハンターが集まる。彼らは特売品しか買わないから、買い上げ点数が非特売日より少なくなる。しかも特売品の荒利益率は低く抑えられているので、数多く売れてもそれだけなら先に述べた特売作業のコストがまかなえないのだ。つまり売れれば売れるほど、売上高は増えても営業利益高はマイナスになるのである。

一方、特売日以外にも店をひいきにしてくれる固定客も、冷凍食品半額セールなど曜日特売を定期的にしていればその品群に関してはその曜日にしか買わなくなる。その結果、やはり買い上げ点数が下がることになるのだ。したがってハイ&ローはお客に不親切なだけでなく、企業側にとっても努力が徒労に終わる非効率的な売り方なのである。

ＥＤＬＰにすることで特売にかかるコストをお客に還元すれば、固定客で成立する利益率の高い店にできることをアメリカのチェーンストアが証明している。

ローカルブランドとSB、PBで低価格化

ＥＤＬＰは全商品部門で売れ筋品目はその対象でなければならない。多くのお客が頻繁に必要とする品だからこそ、影響力が大きいのだ。

継続期間は13～26週が目安である。その後は高くなるのではなく、さらなる低価格をめざす。同一単品（ＳＫＵ）の低価格継続が無理ならば、同一品目の異なる単品に入れ替える。お客にとって用途が同じなら同一単品にこだわる必要がないからだ。

こうして品目数の５％をお客が目的買いをするマスアイテムに育てれば、固定客は確実に増えるのだ。ウォルマートが世界一の小売業になれた最大の要因がそこにある。

ウォルマートも最初は小規模だったから知名度の高いナショナルブランド品（ＮＢ）を低価格販売することはできなかった。その代わり、同じ用途だが知名度が低いローカルブランド品をソーシングしてＥＤＬＰに仕立てたのである。それには安定供給の保証がいる。単なる仕入れでは

なく、独自のルート開発が不可欠なのだ。

企業規模が拡大するにつれてＮＢも扱えるようになったが、すべてを扱っているのではない。最も調達価格が低い単品を選んでいる。

また、ＥＤＬＰ作戦に欠かせないのが独自に開発したストアブランド（ＳＢ）である。ＮＢより確実に値段を安く設定でき、同時に荒利益率を現行商品の5～10％上乗せできるからである。

さらにＮＢモデルがない分野で新たな用途や品質を自社開発したＰＢが加われば、他社との差別化の要となるのである。

ＥＤＬＰは単に荒利益率を削っただけの低価格でできるものではない。仕入れのルート開拓と品目の選定と値入れ、つまり安くするものとしないものとを仕分ける技術が必要である。しかしその前に、高い価格帯をカットする方が先である。それらを残したままでＥＤＬＰに移行しても安さイメージは浸透しない。

以上はウォルマートが確立した価格政策である。世界一の小売業となり、その後も2位を大きく引き離し、躍進し続けている。今日では多くの品目がＳＢ、ＰＢとなり、低価格化に拍車がかかっている。

一方で品質はマス化が進むにつれて向上している。低価格化へのこだわりこそが勝負の決め手なのである。

第3章

チェーンストアづくりと経営モデル

チェーンストアのマネジメント

マネジメントの目的

マネジメントとは、それぞれが組織として分業した職務範囲内で設定した目標数値を実現するための、あらゆる努力をいう。目標実現のためには、計画したとおりに数値や状態を変化させる、安定させる、または機会損失を最小化する技術が必要である。

コントロールとは、その計画と実績を一致させる特別な技術のことである。動詞としてのマネジ（manage）は、部下を思いどおりに動かして目標を達成する能力のことである。それをするのがマネジャー・スペシャリストで、年齢は最低でも40代でなければならない。

マネジャーは部下の能力に合った命令を与え、計画期間の途中には実績を計画に近づけるために、命令の変更と不足する能力を発見して教育を追加し、作業方法や内容を変更する。つまりコントロールするのである。

一方、マーチャンダイザーなど部下を持たないタレント・スペシャリストは、自分で自分をコントロールすることで数値責任を果たす。

入社後の社員は20代で現場のあらゆる作業を経験し、マスターし、30歳前後でトレイニー資格試験を受ける。受かれば40代にマネジメントを担う能力を身につけるために次々と課題を与えられ、コントロール技術を磨くのである。つまり30代はマネジメントの訓練期間なのだ。その成果は40歳前後に受験資格を与えられるスペシャリスト資格試験で試されることになる。

そこでマネジメント能力が身についたと評価されれば、マネジャー・スペシャリスト、またはタレント・スペシャリストとして数値責任を与えられ、マネジメントに参画することになる。

チェーンストア経営のマネジメントは、目的を実現するためにあらゆる事態を想定して、①キマリを上手に決め、②それを教え続け、③習慣づける。④監査してコントロールし続ける。もっと良い方法があれば⑤キマリを修正し、改善し続ける。その結果、目標とする数値や状態が自然に達成できるのである。

一方、日本で一般的に行われている支店経営方式では、あらかじめキマリを決めるのではなく、それぞれの担当者が目的を果たす方法を、その都度自分で考え、決定する。したがって、結果は個人の能力で大きく異なることになる。途中でコントロールする仕組みがないから、すべてが終わってしまってから予想と大きく外れた悪い結果が出たとしても取り返しがつかない。

しかも良い結果を出すには有能な人材が数多く育たねばならないのだ。だから、支店経営方式では店数を増やしにくいのである。

一方、チェーンストア経営のマネジメントは、キマリを決めることでプロセスを標準化していることが特徴である。したがって、個人の能力以上に組織の力が発揮できる。実務経験が豊富な有能な人材が少数でも、彼らが仕組みを作れば店数が増やしやすい。店数が増えれば商品もオペレーションもその他の業務も、マスのパワーが発揮できるのである。

それが「チェーンストア経営システム」である。システムとは個人が努力や配慮や注意をしなくても「ひとりでに良い結果が出る仕組みを作り上げる」ことを言う。チェーンストアはシステムを完全化することでマネジメントを行うのである。

ひとりでに良い結果が出る仕組みを作る

チェーンストア経営には多くの従業者が関わっている。店数が増えれば増えるほど従業者は増えていく。

知能の程度も育ち方も価値観も習慣も異なる多くの人を使いこなして「完全作業」を行い、目標を達成しなければならないのだ。だからキマリが要る。

支店経営方式では、幹部からパートに至るまでそれぞれに、工夫や新たな発想を期待するが、個人の能力に依存しても大きな原動力にはならないのだ。できるかできないか分からない曖昧なもの、予想できないものを当てにしていては、チェーンストア経営は成り立たない。

また発想豊かな有能な人材は少数だし、高コストになる。チェーンストア経営システムは、数多い普通の能力の従業者を、組織としてマネジメントすることで、より大きなパワーに転換する仕組みなのである。

キマリを決めてもそれを守るという「良い習慣づけ」ができなければならない。楽にでき、楽しくできるなら、人は率先してキマリに従う。しかし面倒なら、それぞれが自分が楽にできる方法を選ぶだろう。そしてその結果はまちまちになる。

したがって、キマリは楽に、楽しくできることで習慣となることをめざすのだ。

次に「良い制度化」ができることである。個々のキマリが習慣となり、それが体系化されて制度となる。順を追ってキマリを守れば、ひとりでに目標にたどり着く。それが良い制度化だ。

例えば、支店経営方式の店では商品を売るためにさまざまな工夫や努力が強いられる。店長はそのために多くの時間を割いているのだ。ところがチェーンストア経営方式では、店段階の人、つまりオペレーションラインに商品の販売責任はない。決められた作業を完全に実行することを求められているのだ。そして店で売る努力をしなくても自然に売れていく売れ筋商品だけを仕入れる義務を負っているのがクリエイティブラインに属するバイヤーである。

バイヤーは必要な荒利益高を確保する努力をし、店長は決められた店内作業を、部下を使いこなして完全化しながら、人件費の削減に努力する。それぞれ努力の仕方にはキマリがあるから試行錯誤は要らないのである。

バイヤーと店長がそれぞれの役割分担の枠の中で目標達成のためのコントロールをする。その結果、店で売る努力をしなくても商品はひとりでに売れていき、目標とする営業利益がひとりでに確保できるのである。

これがチェーンストア経営における良いシステムである。

チェーンストアの3S《エス》主義

①単純化（simplification）

楽に楽しく作業や業務を実行するには単純化（simplification）の概念を導入することが不可欠である。キマリを決めても実行されないのは、複雑で実行するのに困難を伴うか、分かりにくく、その都度解釈が必要になり困惑する場合である。

単純化するとは、現在行なっている業務・作業の中から、やめることを決めることから始まる。つまり、しないで済ませる、または店でしないでセンターや本部で全店分まとめて実行する仕組みを作ることだ。作業や動作が今まで通りのままでキマリを決めても、実行が困難な場合が多いからである。

例えば、店ごとの発注をやめて、ディストリビューションセンター（DC）に常駐する社内ディストリビューターがそのDCの供給先である数十店分の発注数を決める。店内で実施していた肉や魚のプリパッケージ作業をプロセスセンターに集約して、最新の機械設備を使って衛生管理を徹底しながら一挙に加工する、などである。これで店段階の作業は大幅に単純化される。

チェーンストア経営システムは店数の増加でご利益を得る。だから店段階の業務・作業の単純化は、店数増加に多大な影響を与えることになるのだ。

それは店段階だけでなく、本部の業務も同じである。時給の高いバイヤーの労働時間の6割は、未熟練者でもできるパソコンへの入力作業なのだから。

単純化すれば実行しやすいし、ミスも起こりにくいし、コストも低くて済むのである。

②標準化（standardization）

標準化（standardization）は、チェーンストア・マネジメントの武器であることは第1章で述べた。科学的な調査と実験により、ベストの方法を突き詰めて、全てをそれに標準化することで計画通り最良の結果を導き出すことができるからである。作業と業務を単純化してキマリを決め、標準化を進めるのは本部の各担当者だ。店ごとに別々に決めるのではない。

現在いいかげんになっている部分を一挙に制度化するためには、プロジェクトチームを編成する。彼らが調査と実験を繰り返してベストの方法を導き出し、普及させるのである。

まずは、単純化する部分を決め、使う道具と動作と手順を決める。道徳的期待は一切せず、注意深い人が実行しても、不注意な人が実行しても、キマリ通りにすれば同じ結果が得られるように制度化するのだ。手順を標準化すれば、結果も自然に標準化することになる。

店数が増えれば標準化のバージョンは増えるが、100店までは2類型、500店までは3類型、1000店以上で5類型までにとどめたい。

日本では大手ほど標準化対策が遅れているが、早急に対策を取らないと手遅れになる。日本で最も標準化対策が進んでいるコンビニエンスストアが食品フォーマットを侵略していることを忘れてはならない。

③専門化（specialization）

①単純化（simplification）、②標準化（standardization）、そして最後の1つが③専門化（specialization）、これがチェーンストア・マネジメントのキーワード「3S主義」である。

specializationというと他社にない特別な商品やサービスを、自社だけが提供すると勘違いする人が多いのだが、間違いである。

自社だけの特別な商品が提供できれば素晴らしいが、それは簡単なことではない。仕入れでできるなら、他社にもすぐにまねできる。しかし他社が扱っていないのは売れないからで、他社が売れないから扱わないものを自社が扱えば、当然死に筋になるだろう。

本当の商品のスペシャルティは、商品開発の地道な努力なくして実現できないのである。

また、商品を他社より安く提供するには、荒利益率を削るだけでは継続できない。低価格商品の調達ルートの開発と、安売りしても利益が出せるような、ローコストオペレーションの仕組み作りの2つが不可欠である。

specializationの本質は重点課題を徹底して成し遂げ、他社の追随を許さない状態に持っていくことである。どのテーマを重点とするのか、どのように徹底させて他社が追い付けない優れた方法を開発するのか、その結果が他社との差別化につながる。

simplification、standardization、specialization。この3Sをキーワードとしてチェーンストアはマネジメントを行うのである。

基本条件の整備

現状は、本部でも現場でも毎日行われている業務と作業にキマリがない。だから一人ひとりが気を遣い、工夫が必要になる。その結果、個人の評価が間違ったものになりやすいのだ。

よい制度をつくるには理科系の教育を受けた人材を活用したいが、現状の流通業界ではせっかく採用しても先の理由で長続きせず、20代で早期退職してしまう。科学的に物事を考える常識を身につけた人に対して精神論を持ちだしても納得するはずがないのだ。

まずは対象人数の多い業務と作業のマニュアルの完全化から始めよう。現状の問題点を発見して楽にできるような道具を開発して手順を決める。そして完全にできるまで教えるのだ。できないなら実行者の能力を疑うより、キマリを単純化する方が先である。

すでにマニュアルがあるならそのとおり実行されているかどうか調べる。多くの場合、マニュアルがあるのにそのとおり実行されていない。それはマニュアルが不完全だからだ。加えて日本の流通業界ではキマリどおり実行するより工夫する人が優れていると評価する場合が多く、作業者はマニュアルどおりにすることがよいことだと思っていないのだ。

もちろんよりよい制度化には創意工夫が欠かせないが、それをするには20代と30代の経験教育と理論教育が前提になる。知識なしに工夫したところで結果が優れたものになるはずがない。

制度化に着手する前に「やめること」を決める。今、本部と現場で実行している業務と作業は、追加に追加を重ねてきた結果である。重複が多いし、やったほうがいいのではないか、他社も実行しているからなど、成果が曖昧なものが多く、一度も必要性の有無を総ざらいしたことがない。

そこであらゆる業務と作業を「絶対すべきこと」と、「絶対すべきでないこと」の2つに分ける。「できればやれ」や「時間があったらやれ」はありえない。

絶対すべきことの中で、関係者の多い業務と作業からマニュアルづくりを開始する。そうすれば根拠ある目標の設定が可能になる。

人数が多いのは店舗やセンターなどの現場だが、その制度化ができれば本部の各部署でも同じように進める。

①客数を左右する店舗開発部が開発の手順を確立すれば安定した客数を継続確保できる。

②商品部がバイヤーマニュアルをつくって教育してから実行することが習慣になれば、死に筋発生率が減り、売れ筋が育つようになる。

③店舗運営部は店舗の業務を吸収して、効率化を測れるのである。

これまでの流通業は店舗の不動産価値の勝負だった。しかし現状はどの企業も同じ長所を兼ね備えている以上、今後はマネジメント力の勝負となる。人がマネジメントするのだから、よい制度化ができる人材の数が勝負の決め手となるのである。

工業化したチェーンストア経営システム

製造業が導入した工業化

2000年前後は日本の製造業の技術が世界ナンバーワンと称賛された。明治維新以降、ヨーロッパで熟成された産業革命による技術革新を急速に受け入れ、独自に進化させた結果である。それまで職人による手づくりが主体だった日本の製造業が、工業化（industrialism）を積極的に導入し、新たな仕組みを築造したのである。

ものづくり大国日本が世界に誇った革新的な製品は船、鉄道、自動車、製造業向けの機械や設備、消費者向け家電製品、さらに土木や建築などインフラ整備のためのシステム、主に重厚長大な工業製品が多い。

一方、流通業は明治維新以降もあまり進化がない。工業化の導入が遅れているのである。高性能の最新型機械で大量生産している商品については品質が均一になり、コスト安にできて売価が下がり、工業化の恩恵を受けている。しかし生鮮食品や加工食品などについては、江戸時代からあまり変わらない製法を引きずっており、革新性がない。したがって一般家庭で頻繁に使い、食べるものが便利になったり、日本人の暮らしが世界の先進国並みになったわけではない。

もっと問題なのは流通業の商品調達から、それを提供する店舗オペレーションの仕組みにいたるまで、製造業が取り入れたような工業化ができないことである。

仕入れ先が数十年間変わらず、しかもその商品をつくった生産者から何段階もの商社や問屋の手を経て入手するために、調達価格は所有権が変わる都度高くなる。継続取引をしている問屋に「値を下げろ」といっても安くならない。なぜならその問屋も、より規模の大きい問屋や商社から商品を買っているからである。しかも取引先は固定化しているから、値上がりすることはあっても値下がりすることはまずない。商品調達の仕組みは日本の産業革命以前と同じなのである。

店舗オペレーションの手法も、それぞれの店長がその都度状況に合わせて臨機応変に手法を考え、決定するという属人的知識に依存した支店経営方式から脱却しておらず、これも進化がない。

つまり日本では一部の製造業だけが工業化し、さらに洗練して世界の一流に名を連ねたが、流通業は依然として工業化の導入が不完全なために進化が遅れている。流通業界だけは〝我流〟が横行し、個人のアイデアと体験だけで経営する風潮が残り、商品と業務・作業システムは旧態依然としたままなのである。

欧米で発達した「チェーンストア経営システム」は日本でも製造業がいち早く導入し工業化し

た科学的なシステムである。日本でもインダストリアリズムを取り入れたチェーンストア経営システムを構築した企業こそが本物のチェーンストアである。

大手流通業は多店化の手法を工業化した

それでも日本の流通業のなかから1兆円、1000億円を超す大企業が出現したのは工業化のおかげである。1960年以降、店づくりに関しては日本の製造業が大正時代から取り組んでいる工業化の手法を流通業が導入したのである。

その内容は第1に、〝エンジニアリング（engineering）〟、あらゆる事象を数値で表現することで合理化を進めることである。数値で表現すれば正確に比較することができるため、成否の判断がしやすくなるだけでなく、法則性を確定しながらノウハウの蓄積ができるのである。

すでに述べたとおり、ペガサスクラブのメンバー企業の多くが規模拡大を果たしたのは、エンジニアリングの技術を駆使して有利な立地条件の法則性を確定したことで急速に店数を増やしたからである。周辺人口とその構成、人口増加速度、周辺道路の自動車通過状況、競合状況などを実測し、数値で表現することで、根拠が曖昧な人の勘ではなく、経験法則を蓄積してそれを基に科学的に出店のノウハウを確立していったのだ。

工業化の2つめの要素は〝マス（mass）化〟である。大量にすることだ。大量にするためには対象を絞り込まねばならない。

製造業は機械を使って同一品目を大量生産することで均質化と価格引き下げを実行し、その製品を日本全国、いや世界中に普及させたのである。

流通業も同様に店に多くのお客を集めるために客層を絞らず、逆に拡大した。子供から高齢者までが頻繁に必要とする品種と品目だけを大型店に集め、大量に在庫した。だから多くのお客にとってなくてはならない店になったのだ。

便利な立地に、それまでの常識より広い店舗を、日本全国に出店した。そのおかげで、大都市周辺の居住者も地方の住人も同じように、暮らしを向上させる便利で楽しい品を近所の店で楽に入手できるようになったのである。

3つめの要素は標準化（standardization）である。製造業は最良の規格を突き詰め、それをキマリとして普及させる。さらによりよいキマリに修正し続けている。

1960年にチェーン化をめざしたチェーンストア志向企業は、ひとりでにお客が集まる店舗をつくる仕組みを構築した。キマリをつくりさえすれば人が入れ替わっても技術は継承されるため、出店規制が強化されるなかでも大型店舗を増やし続けることができたのである。

現在大手として君臨するチェーンストア志向企業の勝因は、出店に関する仕組みを構築したことである。この点ではインダストリアリズムを存分に活用した。ほかにも人材育成、資本金の増強、管理システムの確立などに工業化の手法を取り入れている。

工業化の本質は、①個人の感覚や印象を根拠としないで、②あくまで数値を中心に、論理的に、③標準化を進めることで、④改善と改革とを、⑤継続し、拡大し続けることなのである。

しかし日本の流通業の工業化はまだ道半ばである。先に述べたとおり、大手でもこの手法を導入していない部分が多いのだ。

そのため出店の手順を標準化したことで店数は増えたものの、店舗の標準化は進んでいない。それが原因で建築資材や内装設備、陳列器具などがマス化できず、割高になっている。

製造業ならエンジニアリング、マス化、標準化が当たり前だから、よい結果が出たら原因を追究し、条件設定を同じにする。そうしなければ同じように優れた製品を大量に生産することができないからである。

チェーンストア経営システムも考え方は同じである。便利な店の条件も楽しい品揃えも日本全国どこに住んでいようと同じである。いちばんよい状態の店舗と商品を突き詰めれば到達点は1つになる。気温差による商品の導入時期は違っても、便利さや楽しさは同じだからお客のニーズは変わらない。違うと考えるのは工業化が遅れているからに他ならない。

誰もが努力や配慮や留意や注意や工夫をいちいちしなくても、キマリどおりの道具を使い手順に従い決まった動作をすれば、ひとりでによい結果が出るような仕組みをつくること。それが工業化を取り入れたチェーンストアの経営システムである。

各個人の経営への貢献を最大化するためには組織開発をすることが前提だが、それと同時に確実に成果が挙げられる科学的思考手順を教えるべきである。改善・改革の方法を個人に任せてはいけない。

科学的思考で現状を否定する

自然に良い結果が生まれる仕組みをつくるために「演繹《えんえき》法」、つまり論理を発展させていく手法を使う。思考の手順は、図表16にある①観察、②分析、③判断、④実験、⑤制度化で、エンジニアリングの手法である。

まず不都合な現状の問題点を洗い出す。それが第1段階の「観察」である。作業なら動作、手順、使う道具や機械のどの部分が合理的でないのか作業環境と作業員の行動を観察して拾い出す。観察の対象が数表の場合は数字の因果関係から現場の問題点が想定できるのだ。

ところが日本の流通業は、現状の不都合は個人の注意や工夫や努力で克服すべきものと考える。どこに問題があって良い結果が得られないのか、考えたこともなければ突き詰めるつもりもない。

だからマネジャーは部下を叱責《しっせき》するだけで終えてしまう。逆に結果が良ければ褒めるが、そこに至る工程は問題にしないから、後で不合理が発見されて後始末に膨大なコストや手数が掛かる事態がしばしば発生する。

業務監査を制度化している企業でさえ、採点して90点だから良い、70点だからもっとガンバッテくれというだけで、これでは叱責するのと同じである。なぜできたのか、できないのかを問題にしないのだ。したがって店舗段階の作業なら客数の多い店の評価が低くなり、少ない店の評価が高くなる。簡単に採点できるような店内の業務や作業は、優先順位が下の場合が多いから、人手不足だと不完全になるからだ。したがって何も良くならない。

うまくいかないことには原因があり、その原因を取り除き、うまくいく手法を確立すれば誰がやってもうまくいくのだ。急速に多店化するには未熟練者でも完全作業ができる仕組みの構築が不可欠である。そのためにまずは現実を観察し、不合理を発見しなければならない。

しかし観察はチェーンストアとしてあるべき形を知っていることが前提である。それを知らないと現状肯定になり、問題点が発見できないからだ。

チェーンストア経営システムの知識と現場経験の蓄積があるベテランが観察すれば、問題点は1つや2つではなく、数多く発見できるはずだ。また、異なる職務経験者が同じ事案を観察すると、異なる問題点が明らかになる。観察に十分な時間をかけて現状否定をすることが改善・改革

図表16 思考の手順

①観察	＝問題点を発見すること（×印象で物を言うこと）
②分析	＝(1) 原因または事情を推定し、 (2) 現場で、現物で、実際の作業者に確かめてから、 (3) 事実と事情との確定をすること（×計算結果を言う）
③判断	＝(a) 応急処置と (b) 新しい制度づくりの起と（×賛否の意思を言う） （改善案と改革案づくり→2つを区別できること）
④実験	
⑤制度化	

の出発点である。

第2段階が「分析」、つまり観察で発見された問題点の原因を究明することだ。まず(1)原因または事情を推定し、(2)現場で、現物で、実際の作業者に確かめてから、(3)事実と事情との確定をすることである。

現場調査より原因の推定を先にするのは、あらゆる可能性を検討すべきだからである。これをしないで現場調査に入ると、一番先に目に付いた事象だけが原因と決め付けてしまいやすい。原因は1つや2つではなく、その場で見える原因をつくった「見えない原因」が隠されていることが多いのだ。

個人名ではなく職務名で、誰が何をしたから、またはしなかったから不都合な問題が起き、それにはキマリがあったのか、キマリ通りにしたのか、一つ一つはっきりさせるのだ。

この段階では経験がものをいう。多くの職務を経験した人が、多くの原因を推定できるのだ。そのために配転教育が重要になる。企業の将来を担う幹部候補生には、3年単位で計画的に異なる職務を経験させなければならない。とくに現場経験が不可欠である。

現象を数値化する

第3段階が「判断」である。せっかく改善・改革プロジェクトをスタートさせたのに分析段階でストップしてしまい、仕組みができず問題点が何も解決されない例が多いのだ。発見した問題点とその原因が役員会で発表され、それで終わりになる。対策は当事者が考えろというのでは、やはり叱責するのと変わりがない。

判断は(a)応急処置と(b)新しい制度づくりの起案の2種類の決定が行われることである。言い換えると改善案と改革案の策定である。この2つはまったく別のものとして取り組まねばならない。とくに重要なのは(b)である。

流通業の人々は応急処置が得意である。人海戦術で事故処理をして速さを競い、その達成感は大きいらしい。ところが二度と同じ問題が発生しないような制度化をしないから、また同じ問題が発生するのだ。これでは効率が悪過ぎる。

制度化には十分に時間を掛ける。注意や留意や工夫をしなくても、キマリ通りに実行すれば完全になる制度でなければならないからだ。

応急処置については、「誰が」「いつまでに」「何をする」とスケジュールを決め、実行されたかどうか監査する。

制度化の案ができたら「実験」をする。作業の実行者として想定する能力を身につけた人が、マニュアルを見ただけで完全作業ができるかどうか、試してみるのだ。一度でうまくいく例は少ないから、その動作を観察して、分析して、判断をし直すことになる。そして新たな実験をする。

これが科学的思考の手順の踏み方である。一つ一つ曖昧さを残さず、確実に決めていく。一度キマリをつくったら自然に完全作業が行われるからこれまでできなかったことができるようになる。やり直しや後始末作業や監査に掛かるコストが大幅に軽減されることになるのである。その後定期的な見直しを行い、制度は洗練されてゆく。

不完全さが目立つ、または関係者の多い業務・作業から、科学的思考手順に基づいた制度化を開始してほしい。

改革は図表17にあるように科学的な主張方法を駆使する。まずは演繹法に基づいて問題点の発見が行われるのだが、このとき「帰納法」で蓄積された経験法則が役に立つ。つまり多数の事例から導き出した共通の因果関係を、企業として、各業務部門として蓄積しておけば、観察、分析、判断に役立てることができるのだ。支店経営方式だとあらゆる決定が個人に起因するため、せっかくの経験が帰納法に活用できないのだ。

図表17 主張の方法

(1)論理主義＝演繹法＝論理を発展させていく論法
（命令・Off-JT・観察・分析の手法）
①観察（問題点の発見）
②分析（原因の推定と事実確定）
③判断（応急処置策と制度対策）
④実験（1カ所→3カ所→10カ所→エリアで因果関係を確定）
⑤制度化（マニュアル化）

(2)現場主義＝帰納法＝多数の事例から共通の因果関係を導き出す論法
（提案・OJT・調査・判断の手法）

(3)数値主義＝IE調査 ①現象を数値化
②数表化
③グラフ化（図表化）

(4)未来逆算主義＝ワークデザイン
①長期経営計画の目標と、
②ビジョン路線とのつながりを明示

(5)経験主義＝①経験法則の理論学習（Off-JT）
②自己体験・配転（OJT）
③視察旅行（ストアコンパリゾン＋現場フィールドワーク）

改革にはチェーンストア理論の勉強と現場を知っている人が中核になるべきと先に述べたが、すべてを経験できるはずはないので経験不足な部分はこの論法で補える。

科学的主張の絶対原則は「数値主義」である。科学的思考は数値で行う。

ところが日本の流通業では数値化されていないことが多過ぎる。代表的な例は作業人時数が分かっていないことである。トータルでは把握しているが、その内訳が分かっていない。計測すれば分かるのだが、一度も計測したことがないのである。

特売をすれば売上高が上がると喜ぶが、掛かった人件費を計算していないので収益がマイナスになる場合が多いことに気が付いていないのだ。

まずは現象を数値化することから始めねばならない。これをしないと観察が確実にならない。数表で数値を比較し、問題点を発見する。その改善、改革の結果は数値が変化したことだけで評価されるのである。

改革の優先順位と期限は企業の長期経営計画に基づく。支店経営方式からチェーンストア経営システムへの転換計画は綿密でなければならない。

数字の基本

収益の因果関係

小売業者は売上高のことばかり気にする。本部も現場も経営者もマネジャーも従業者も、それぞれが売上高さえ高まれば企業は継続拡大できると思い込んでいる。

しかしどの部分をどう努力すれば売上高を高められるのかは具体的ではなく、それぞれが思い付きで方法を決めるから、重複する無駄な業務や作業が増える。

もともと売上高の向上が企業の収益と結びつくかと言えばそうはならない。努力の甲斐があって売上高が多少増えても、そのために費やした人件費や広告費などの経費がかさんで差し引きがマイナスの場合が多いのだ。努力や工夫はタダだと思っている人が多いが、実際には試行錯誤の人件費が高くつくからである。

企業は売上高ではなく、収益高または収益率で評価される。売れても儲からなければ企業は経営を維持できないが、売れなくても儲かるなら蓄積利益を企業の発展に投資できるから企業規模は自然に拡大するのである。

当然に売上高は高いほうが収益は確保しやすい。しかし売上高は客数や来店頻度、客単価、買い上げ品目数などの数多くの要素の結果であり、それぞれの数値を向上させる手法は異なる。それらのすべては本部の問題であり、最終段階の店で何とかしようとしても人件費コストが増すばかりで効果がない。それぞれの数値が自然に高まる仕組みを、本部の各担当者がつくるのがチェーンストア経営の分業、つまり組織である。

図表18は収益の因果関係と努力方向を簡単に示したものである。1職務が1数値を分担して向上させることで企業全体の収益は向上する。

企業の最終評価となる経常利益高は営業利益高と営業外収益高の合計である。前者については企業内のほぼ全員が関わるが、後者の関係者は財務担当の数人だけである。彼らの任務は大人数が分業して積み上げた営業利益に営業外収益を積み増しすることである。下手な財務テクノロジーでそれを減らすようなことがあってはならない。

また、営業利益高は荒利益高から経費高を差し引いた残りである。したがって図の上段の荒利益高を増やし、下段の経費高を減らせば営業利益高は増えるのだ。前者はクリエイティブライン（商品部）が担当し、後者はオペレーションライン（店舗運営部）の任務である。

図表18 収益の因果関係

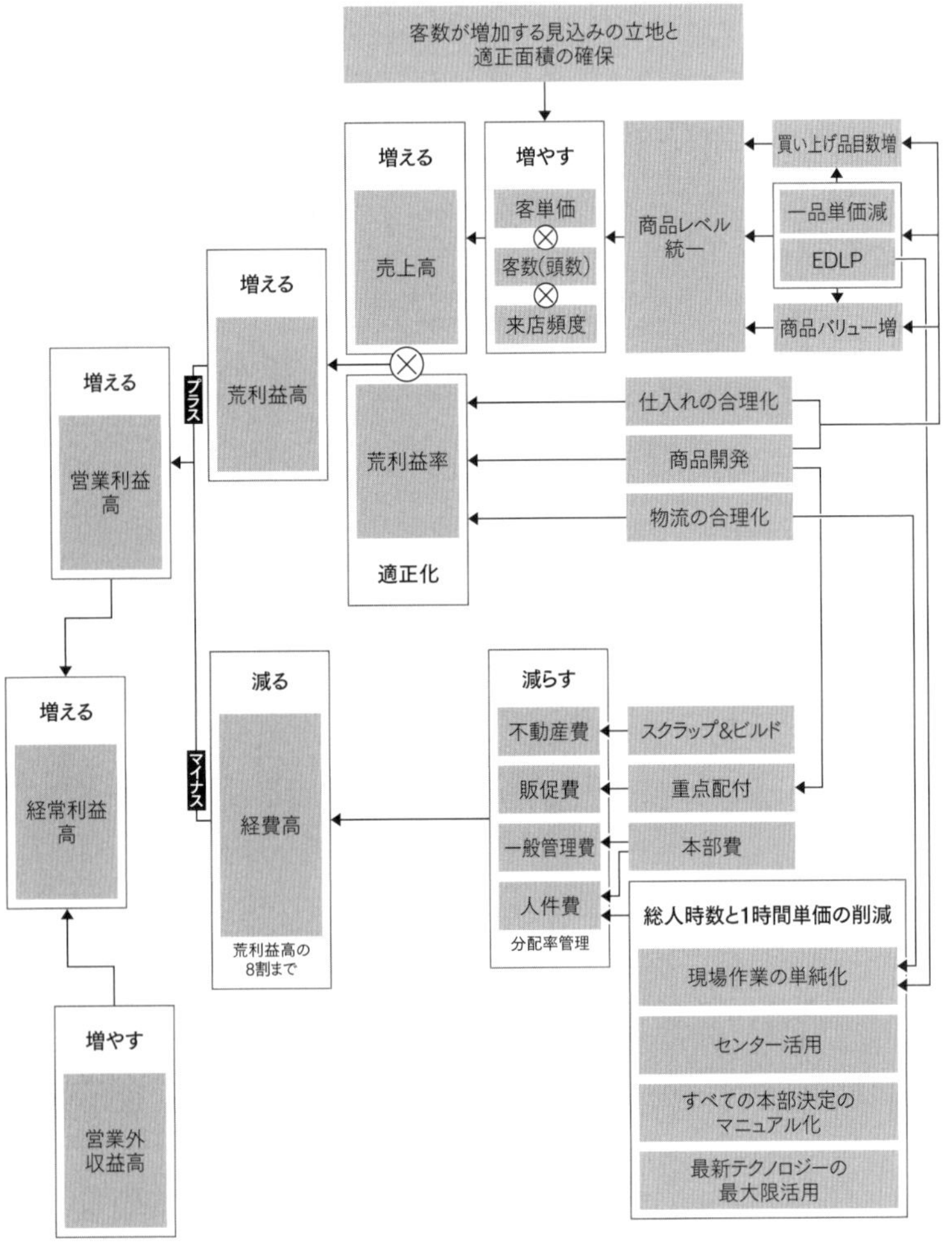

荒利益高の向上対策

荒利益高は売上高×荒利益率で決まる。両方の数値が高まれば荒利益高は増えるのだ。そこで売上高を増やす方法が問題となる。売上高は客数×客単価である。両方の数値を分業して高めるのだ。それらは店段階の従業者が接客強化や店内販促の工夫で増やすものではない。すべて本部段階で先手を打つ必要がある重要なテーマである。

必要な客数の確保は、店舗開発担当者の責任である。客数が増えそうな立地、競争が少ない立地、お客が来店しやすい便利な立地を選べば開店時からの多くの客数と、その後の増加が期待できる。また出店コストの低い物件なら客数は多くなくても高収益を実現できるのだ。最初から収益が確実に確保できる立地を選ぶのが店舗開発担当者の任務である。

客数は商品の進化でも増やせる。低価格化が進み競争力が高まれば、新たなお客を獲得できるだけでなく固定客の来店頻度が増える。新商品の開発で他社と差別化ができればさらに来店頻度は高まる。それは商品部の努力テーマである。

かたや客単価は商品部だけの問題である。普通、客単価を高めるために値段の高いものを扱いたがるが、それでは客数が減る。お客の頭数だけでなく、1人当たりの来店頻度が減るからである。客単価を高めるには買い上げ品目数を増やさねばならないのである。

まず商品部門間の商品レベルを統一する。来店客の動線調査を実施すれば一目瞭然だが、お客が立ち寄らない売場が存在する。時間経過とともに商品部門ごとの品揃えの方針が変化し、部門ごとのお客の購買動機が違ってしまったのである。その結果、どのフォーマットも10年前からお客の買い上げ品目数は増えていない。商品政策の見直しと店全体での用途や価格帯、購買頻度の統一が必要なのだ。

次に価格政策を見直す。低価格化だけでなくEDLPへの移行は欠かせない。これまでのハイ&ロー方式では効率が悪すぎることは第2章で述べた。

一方、荒利益率の現状はフォーマットごとに値下げ競争が激化して下がり続けている。それは仕入れ方法に革新がないことが最大の原因である。サプライヤー任せの品揃えでは低下に歯止めがかからない。独自に売れ筋を見極め、商品を選択することと、より有利な仕入れ先への変更が求められるのだ。もちろんプライベートブランド商品の開発は低価格化と荒利益率向上と固定客化に最大の効果をもたらすから時間をかけて取り組まねばならない。独自の商品による棚割りの標準化は物流の合理化にもつながり、さらなる荒利益率の向上と客数増加をもたらすことになる。

商品部の改革テーマは数多い。したがって人員の動員が不可欠である。自然に売れてゆく人気商品を選び、売れるだけの数を調達または開発する。それを実行するクリエイティブラインには有能な人材が数多く必要である。

経費高の上限は荒利益高の8割まで

荒利益高を増やすだけでなく、そこから支出される経費高を縮小すれば営業利益高は増える。それは、主にオペレーションラインの任務である。目安は荒利益高の8割までに収めることである。そうすれば2割が営業利益として残るのだ。不動産費の引き下げについては店舗開発の任務だが、それ以上に時流から逸れた既存物件の改廃が欠かせない。客数減の店舗を継続させれば人件費の増加を招くだけだからである。

経費の中で最も比重が高い項目が人件費である。本部費も問題だが店のほうが圧倒的に人数は多いから改革が急務である。

現状は、とにかく現場の従業者が多すぎる。それは先に述べたように商品部が原因を作っていることが多い。単品数が多すぎてそれぞれの陳列量が少ない品揃えには商品管理の人件費が膨大にかかる。死に筋が多すぎて売れ筋のための棚が確保できず、補充用の後方在庫が欠かせないのだ。そのために無駄な店内物流作業も発生する。死に筋を何とか売り込もうと店内販促にも人件費を割くことになるのである。

ほかにも店でなくてもできることを店ごとに実行していることが多すぎる。SMの店内作業項目を書き出すと250種類にもなるくらいだ。作業コストの計算もせずに種類を増やしてきた結果である。

各部署が果たすべき目標数値を決め、計画的に実行することで企業の収益が高まるのである。

分配率の原則

チェーンストアの経営管理方式に「分配率管理」がある。販売によって発生した荒利益高から経費を差し引いた残りが営業利益になるのだが、営業利益を計画的に捻出するためには経費の配分が問題になる。

分配率管理は荒利益高を100として、20%を営業利益として残す。それを利潤分配率という。その残りの80%で経費を賄うのだが、経費の適切な分配率をチェーンストアは編み出した。それが図表19である。

経費の中で最も比率が高いのは人件費である。荒利益高に占める人件費の割合を労働分配率といって、38%とする。給与だけでなく教育費も福利厚生費も、つまり従業員に掛かる費用をすべて加算して荒利益高で割り算するのだ。チェーンストアらしいローコストオペレーションの仕組みができている企業は労働分配率が低く、支店経営方式で人海戦術を取っている企業は高くなる。

フォーマット別に見ると店段階で商品加工作業が多く、補充頻度の高いSMの労働分配率が最

図表19 分配率の原則（分母を売上総利益高〈荒利益高〉にした割合）

単位：%

効率項目	あるべき姿	許容範囲	限界
利潤分配率（営業部門では営業利益）	20	15〜25	9以下
労働分配率（賃金分配率ではない）	38	35〜40	42以上33以下
設備（不動産）分配率	18	15〜26	30以上13以下
販促分配率	6	5〜10	12以上3以下
（上記以外の経費）管理分配率	18	15〜24	26以上13以下
（合計）売上総利益高（荒利益高）	100		

効率項目	あるべき姿	許容範囲	限界
このうち本部経費分	10	6〜20	25以上5以下

※直間比率は3年ごとに比重を変化させること

効率項目		あるべき姿	許容範囲	限界
店舗現場向けに換算した経費分	労働分配率	34	32〜36	38以上31以下
	設備分配率	16	14〜24	25以上13以下

※労働分配率の分子は、総人件費＝役員報酬＋従業員給料・手当＋従業員賞与＋福利厚生費＋教育費＋求人費＋退職金である。しかし、上場企業の有価証券報告書からは賃金分配率しか計算できないので、それを1.2倍して推定労働分配率に換算してから比較すること

※販促分配率の分子は、広告宣伝費、POP広告費、包装紙と包装袋代、屋外看板、ポイント、下取り・リベート費、原価割れ分などの合計

も高い。他方、ドラッグストアやホームセンターは店で行う作業が少ないため労働分配率を低くしやすいのだ。

次に高くなるのが設備分配率だが、このあるべき姿は18％である。

しかし首都圏や、地方都市でも駅前や駅ビル、大商圏型の大型モールに出店すると設備分配率が30％台にまで高くなり、利潤分配率20％を確保しにくくなる。つまり損益分岐点が高くなるので、売上高が高くないと儲からない店になるから、チェーン化しにくいのだ。

設備分配率は下手な投資をすると一挙に高くなる。そうするとローコストオペレーションの仕組みができたとしても追い付かない。それで倒産した企業は多いのだ。集客力が高いからといって通常の2倍の投資をしても、売上高は2

倍にはならないことは先に述べた。ダウンタウンの1等地に10億円の投資額で1店作り、売上高が20億円なら投資効率は2回転である。しかしサバブでなら1店5億円で2店できる。売上高は1店15億円、2店で30億円になるはずで、投資効率は3回転になる。チェーンストアは後者を選ぶのである。

多くのフォーマットでオーバーストア状態に陥りつつある今日の流通業界で、生き残っている企業の共通の特徴は、投資が上手なことである。

残る分配率の配分は販促分配率が6％、管理分配率が18％で100％になる。売上高がどのように変化しようと、その結果荒利益高がどう影響を受けようと、安定した営業利益率を確保するための投資コントロール技術である。

売上高から収益優先主義へ

チェーンストア経営システムの原理は、標準化された店舗の多店化と商品のマス化により幅広い消費者の日常の暮らしに貢献することで、企業に規模の利益をもたらす仕組みである。そのためには収益モデルの確立が必要だ。想定どおりの収益を確実にもたらすモデル店舗を、そのまま複製することで安定した収益を企業にもたらすのだ。

まず、店舗の評価尺度を「売上高」から「収益性」に転換することである。これまでは収益性が低くても売上高さえ確保できれば、通常は1ヵ月以上後になる仕入先への支払いまでの回転差資金を使って新たな出店ができた。だから収益性は低いのに多くの小売企業が急速に成長した。しかしオーバーストアの今日では適切な出店立地が簡単には見つからないためその手は使えない。それでも相変わらず収益性を無視した売上高至上主義に固執して、無駄な経費を使い続ければ企業の存続が危ぶまれる。

したがって全店が確実に収益を確保できる仕組みをつくらねばならないのである。

収益確保の第一歩は全部門の黒字化である。赤字部門があるから店が赤字になるのだ。死に筋の排除と売れ筋の拡大、そして売場面積の調整をすることで黒字化できるはずである。

また、季節変動が大きい場合はステープル扱いを止めてシーゾナルとして年間数週間の期間限定扱いに変える。それが無理ならその商品部門を廃止するか他社に棚または売場を貸す。ラックジョバーまたはコンセッショナリーに転換するのである。

それでも黒字化できないなら店舗はスクラップする。多店化はスクラップを伴うのが常なのだ。しかし反省は不可欠である。原因が投資ミスの場合なら、どの職位の人がどのような理由でどんな手順で決めたのか明確にし、2度と同じ投資ミスを発生させてはならない。

収益モデルの基本条件

次にチェーンストアは高い売場販売効率を望まない。客数が多すぎるとオペレーションコストも高くなって収益確保が難しくなるからである。1店の客数が多すぎるなら近くに2店目をつくって客数を平均化したほうが収益は高くなるのである。したがって高い収益が安定して確保できる数値基準を、経営システム全般にわたって決める。それを前提として標準化モデル店舗がつくられるのである。

現状では各店舗の結果数値に格差がありすぎる。そのため異なるパターンのサンプルには事欠かないはずだ。そのなかから収支のバランスが最良のパターンを見つければ方向性がわかる。

新店による多店化より既存店改革が先だ。数が多い既存店の収益モデルの開発が現実的である。ちなみに最大の収益を上げる店舗はモデルにならない。特殊条件があるからそうなるのであって、複製のしようがないからである。

収益モデルの条件は①売場販売効率が高すぎないこと、②標準店とかけ離れた広すぎる、あるいは狭すぎる面積ではないこと、③新店ではなく既存店であることだ。

最重要課題は作業慣習の全面的転換と業務・作業システムの構築である。現状では収益不足の原因が売上高不足ではなく、経費の使い過ぎが多いからである。

次に既存店の事例研究で黒字化できる商品部門ごとの売場面積を確定する。その前提となるのが商品構成である。部門別管理のデータを参考に黒字化が可能な面積を割り出すのだ。

一方で価格帯とプライスポイントと品種ごとの品目数をあるべきかたちに修正する。現状は部門ごとに方針がまちまちで、店内の商品レベルの統一が取れていない。品揃えの方針を数値化することで棚割りの標準化が可能になる。

ここで部門ごとの売場面積を確定するが、ほかに5年後10年後の対策として育成する品種を扱う面積は確保しておかねばならない。標準化モデルを現状の面積に合わせてしまうと拡張の余地がなくなるからである。

これらの合計面積が収益モデル店舗の必要面積となり、店内のゾーニングとレイアウトを決めることができるのだ。その際、店内作業を合理的に進めるための対策が不可欠で、後方やオフィスの位置は歴史的な慣習を捨てて、業務・作業システム上、最も有利な場所を選ぶべきなのだ。

現状のゾーニングとレイアウトは根拠がない場合が多い。「過去の優良企業がそうしていたから」というだけで、なぜそれがいいことなのかはっきりしないのだ。今こそ収益に貢献するかたちを見出さねばならない。

収益モデルを前提にして、最適な条件を1項目ずつ確実に決めることで完成した標準化モデル店舗は、複製しても同じような結果をもたらす。部門ごとの①売場販売効率、②在庫高、③荒利益高、④営業利益高、そして作業コストも同様に前提となる基準数値に近くなる。物件ごとの投資額と毎月の負担額も同様である。だから安定した収益が確保できるのである。

前述したように標準化なくしてチェーン化は不可能である。既存店の研究からあらゆる数値の最適を導き出し、収益モデルをつくる。1店舗で実験して修正を重ね、成功したら3店舗、10店舗と拡大する。競争に勝つための地道な手段である。

数字の発する情報を検知する

日本の流通業界の現状は数値化されていないことが多いのだが、時間も量も計測すれば数値化できる。したがってエンジニアリング手法を取り入れることに困難はない。そのためチェーンストア経営のシステム構築に関わる人は数字に強くなければならないのだ。

数字に強いとは計算が正確であることや早いことではない。算出された数値を使って改善・改革を進めることができるという意味である。

もちろん前提となるのは数値だが、それらがいかに正確に算出されようと、そこから導き出される問題点の把握が間違っていれば改善・改革につながらない。数値は使いこなせる技術を持った人が分析して、初めてその本領を発揮するのである。

数字は情報である。問題点の有無を暗示するだけだ。そのサインを見つけられれば数字に強く、見過ごしてしまえば弱いのだ。だから数字が発する情報を検知できる知識を蓄えねばならない。まずは常識的な数値を覚え、そして職務上でとくに大事な経営効率数値を常に反芻する。肝心なのはそのあとである。その数字のありようから解決すべき問題点を把握し、改善・改革につなげられなければ、数字に強いとはいえない。数字を見ただけで背景にある問題点の多くを想定することができて、さらに解決へと導くことができる人が数字に強いのである。

それには理論勉強と経験の蓄積の両方が欠かせない。理論勉強だけでは実務への応用が困難である。せっかく身につけた論理は経験という裏付けがあって必要な時に引き出せるのだ。また、1人が経験できる範囲は時間的に限られるから、それだけをよりどころにすると視野が狭くなる。経験したことのないことは理論勉強でカバーしなければならないのである。

数字の発する情報を検知しやすくするには、数表の単純化が欠かせない。数表を加工することなくコンピューターが吐き出す細かい数値の羅列を眺めていても問題点を発見しにくいからだ。そこで表の縦と横の項目を関連しそうなものだけに限定すれば、問題点を発見しやすくなる。その数値項目の選び方も経験と知識の蓄積から的確になるものだ。

表の縦軸、横軸は、ともに7項目以内に限定すると問題点を発見しやすくなる。売れ筋商品の発見はPOSデータで最小単位のSKUで見るからわかりにくいが、商品部門や品種グループ、あるいは価格帯ごとの商品ラインにまとめてみると傾向がわかりやすくなる。そのあとで問題のありそうな分類から詳細な検討に入れば正しい分析ができるのである。

直接原因から間接原因へ“なぜ”を3回繰り返す

数表ができたらそこから問題点を見つける“観察”の作業に入る。先に述べたように広い範囲の理論勉強と現場の実務経験があれば数表から多くの問題点を発見できるはずである。同じ数表を20代の新米と50代のベテランが観察したら、発見できる問題点は1対10ほどの差が出る。だから意識して観察眼を高めねばならない。

次は“分析”に移る。その問題が発生した原因を突き止める作業である。直接原因はすぐに特定できるはずだがそれだけでは解決に至らない。問題発生の原因は常に1つではないのだ。その原因はなぜ発生したのか、間接的な原因を明らかにしないと2度と同じ問題を発生させない仕組みはできない。

“なぜ”は3回繰り返す。その直接原因はAだったとして、Aの原因はBである、Bの原因はCであると、原因のそのまた原因を追究するのである。

図表20 効率改善の基本原理――対策の違いの一例

課題	不適切な対策	適切な対策 I	適切な対策 II
営業利益増	・売上高アップ	①経費減 ②使いやすい数表配布 ③数表理解の理論教育	①労働分配率減 ②設備分配率減 ③販促分配率減
売上高増	・接客強化 ・設備の高級化 ・販促の強化 ・お客サービスの拡大 ・店長に工夫奨励	①低価格化(固定客化) ②品目別重点販売 ③同時に使う品種拡大 ④欠品退治 合計売場面積のアップ	①売れ筋集荷対策 ②用途・客層別分類 ③通路ごと動線増 ④死に筋退治 ⑤買い上げ品目数増 店数増
荒利益率増	・値入れ率増 ・単価アップ (少し高い品の導入)	①値入れ率減 ②廃棄率減 ③日替わり特価減 ④死に筋退治 ⑤商品管理制度見直し	①品目別値入れ (×品目別一括値入れ) ②ベンダーの変更 ③ナショナルブランド商品の再選別 ④ローカルブランド、ストアブランド、プライベートブランド商品の開発
死に筋・欠品退治	商品部と店舗運営部とセンターの管理職に注意義務強調	①商品部と店舗と物流の職務再分配 ②幹部1人ごとにコミットメント (期限と数値目安と方法とを申告→実行→評価)	①週単位で異なる改善、行動対策と反省 ②4週単位で成果の分析・判断 ③機会損失の計算 ④残品処分方法の標準化
単価切り下げ	同一ベンダーへの強力な値引き交渉	①品目数の削減 ②商品構成グラフの変更 (売価上限カット) ③ベンダーとの取引条件と仕様の変更	①1品大量取引契約の年度契約 ②ベンダー変更のためのソーシング ③製品開発 ④1店1品大量化運動
人件費減	・従業員の解雇 ・万能なパートタイマーの増員 ・パートタイマーの昇格	①人時数の削減 (作業の種類と頻度のカット) ②パートタイマーの単能化	①センター機能の転換 ②単位作業の完全化対策 ③全社的な業務と作業システムの変更

たとえばある商品部門が赤字だったとする。その場合、①売上高が不足しているか、②荒利益高が少なすぎるか、③オペレーションコストのかけすぎか、3つの直接原因が想定できる。①と②については、フォーマットごとの上場企業の平均値と比較すれば不足かどうかわかる。比較する際には同じ物差しを当てねばならないから、1坪当たりの売場販売効率と比較する。荒利益高は荒利益率から算出できるのだ。

①の売上高が不足ならその原因は、(イ)客数が不足なのか、(ロ)客単価が低いのか、どちらかである。もちろんどちらも低いのかもしれない。

次に(イ)の客数不足はどこから来るのか。考えられるのは、1.適正規模不足で競争力がない、2.駐車場が不便、3.新たな競争相手の出現、4.価格の優位性がない、などが想定できる。

(ロ)の客単価が低い場合は、1.売価が高い、2.品揃えが不完全、3.特売の多発でバーゲンハンターの比率が高まる、などが原因となる。その結果、買い上げ点数が少ないから客単価も下がるのだ。

直接原因③のオペレーションコストのかけすぎは、経費が荒利益高の8割を超した場合である。間接原因は(イ)コスト中の人件費比率の拡大、(ロ)不動産費の高騰、(ハ)広告やポイントの乱発、などが考えられる。

(イ)の人件費増加の原因は、①作業種類の増加、または減らさない、②創意工夫の奨励による試行錯誤の時間が増加、③パートタイム従業者の採用不振による時給相場高騰、などである。このように原因を次々と掘り下げていくと、解決すべき対象が多岐にわたることが明確になる。改善・改革の関係部署と関係者が広い範囲に及ぶことがわかるはずだ。

数字教育の重要性

原因追究をしないで売上高不足を現場従業員のせいにして、店長に「なんとか頑張って売上高を回復せよ」と問題解決を押し付ける例が流通業界には少なくない。数字に弱いとこのような間違った判断を下しがちである。しかしこれでは事態を悪化させるだけで決して解決には至らない。

社内に数字の使い方を知らない人がいてはならないのだ。教育カリキュラムの段階ごとに数字の因果関係と活用方法を教えねばならない。そうすることで、社内の誰もが数値を基に会話する合理的な企業文化を醸成できるのだ。

次の段階では、想定した原因を基に事実調査と担当者への聞き取り調査を実施する。原因を1つずつ確定していく作業だ。その過程で数多くの想定外の原因が新たに発見されるはずである。

原因が分かればそれを取り除くことが問題解決への道である。それは、現状の「応急処置」と、2度と同じ問題を発生させない「制度対策」の2つに分けて検討し〝判断〟を下すのだ。

判断を会議や部門間調整にゆだねてはならない。曖昧になるだけだからだ。制度化することで、どの店でも、どの部門でも、同じ行動による結果がもたらされるまで改善・改革は終わらない。それは1人または同じプロジェクトチームが最初から最後まで一貫して取り組むのだ。

その場合、根本的な問題点を見過ごしてはならない。投資のミスはオペレーションラインにもクリエイティブラインにも多大な悪影響を与える。しかし、トップが決めたことだからと諦めて黙殺すれば、問題解決には至らない。悪影響を数値で示せばトップの反省につながるだろうが、それを曖昧にすれば投資ミスはさらに増えるかもしれない。数値悪化の原因追究に例外を認めてはならないのだ。

しかしトップこそ最も数字に強くなければならない。①金融動向に敏感で、貸し出し状況や金利と為替相場に敏感なこと、②直近13～26週の資金繰りに毎週注目すること、③投資に慎重で、総資本回転率を基準に出店と維持コストの低減に努めること、などが求められる。さらに、④週ごとの決算データを熟知し、全職能の幹部からそれについての意見を聞き取ることを週課にする、⑤重点的に実現すべき経営効率の目標数値は平常から口癖にすること、なども重要だ。

数字に強いトップの下で社員が数字を根拠に科学的に行動すれば、その先にチェーンストア経営システムが見えてくるはずである。

第4章

店舗と組織

店舗の役割

店はマーチャンダイジングのしめくくりの場

支店経営の場合、店舗はお客に商品を売る場であると考えられている。だから店長は接客に力を入れる。地域のニーズを細かく調べ、商品部に要望を伝える。お客の要望を聞き、その商品を店に並べる努力もする。同時に販売方法も地域の消費者の都合のよいように想定して整える。つまり商品も買物環境も、店長がその場に合わせて最良の方法を模索して決めることが求められる。経営者のようである。

つい最近まで「のれん分け制度」を導入する企業があり、有能な店長にはその店の経営者になれるという特典(?)があったのはそのためだ。もちろん独立したら本部の後ろ盾をなくすことになるので成功例がなく、その制度は消滅した。

しかしチェーンストアの店舗の目的は、商品を売ることではない。店はお客との唯一の接点だから、そこでは本部が決めた便利な業態と最高の品揃えを実現することが求められる。店はマーチャンダイジング活動のしめくくりの作業をする場なのである。

したがってお客が品揃えを見られるようにするのは店の任務である。本部ではできない、店でしかできないことだからである。

その業務内容は本部が決める。全店共通のことだから、本部の各部署が英知を集め、時間をかけ、調査と研究と実験を重ねて決めるのだ。店は決められたとおりに実行することが求められる。そのために店長は業務・作業の難易度別・能力別にランク分けされた部下に作業割り当てし、稼働計画をつくるのだ。

店長は部下を使って決められた業務を完全に実行すると同時に、それをローコスト化することで営業利益を高める。売場1坪当たりの荒利益高を高めるのはバイヤーの任務だが、そこから支出する経費を最小限にとどめ、残る営業利益を最大限に確保するのが店長の数値責任である。

支店経営方式では店を「営業」現場ととらえて売る努力をするが、チェーンストア経営システムの場合、店は「お客を満足させる」現場ととらえる。

売れるか売れないかは仕入れで決まる。売り方も問題だがそれは全店共通だから本部のプレゼンテーション担当者が決める内容である。その成果をお客が見て、共感すれば買ってくれる。本部の決定がそのとおりに店で実現されたときに、売れるかどうかが決まるのである。

本部決定事項を最大限お客に知らせることこそが店の任務なのである。

店が抱える5つの課題とその対策

店の課題は次の5項目だ。

第一に、商品管理の徹底である。その内容は品質管理と数量管理である。バイヤーが決めた品質の条件に合わないものを排除し、本部で作成した棚割りどおりに陳列し、欠品のないように数量を管理する。

現状では棚割りはバイヤーが決めているものの、店ではそのとおりになっていない。それは標準棚割りを決めただけで店の実情に合っていないため、店で修正することが前提になっているからだ。

本来、死に筋は新しい棚割りを発令する以前に処分しなければならない。バイヤーが死に筋の値下げ幅を決め、それでも売れなければディストリビューションセンターに回収してバイヤーがその処分方法を決めるのだ。それをしていないから決めたとおりの棚割りができないのである。

商品管理は棚割りが前提となるため、本部が決めたとおりの棚割りを実現できない以上、品質管理も数量管理も徹底できない。その結果、死に筋だらけの品揃えのなかで売れ筋は欠品し、お客は失望する。

棚割りは販売数量と正比例していなければならない。ところが売りたいが売れない死に筋が多すぎて、売れ筋のために棚を使えず、陳列量が少なすぎるのが現状だ。だから後方在庫が増え、商品管理が複雑化し、個別対応が増えるのである。

第二の課題は接客である。セルフサービス店舗の場合、商品管理さえ徹底できればお客との接点はチェックアウトだけである。ところが支店経営の場合、売上高不足を接客でカバーしようとする。つまり押し売りである。しかしお客はそれを望んでいないから逆効果である。

本来接客が必要なのはサービスカウンターでの返品や苦情の受付である。この応対は特別な訓練を受けた、したがって時給レベルの高い人の任務である。

第三の課題がチェックアウトだが、通常の買物行動では唯一の接客の場となる。ここでお客の満足度をいっそう高めねばならない。しかし現状は明らかな手抜きである。

店舗の第四の課題は、お客が求めているモノとコトの理解である。それはお客の意見を聞くことによって実現するものではない。全員の意見を聞いて統計を取った結果なら信じられるが、一部のお客の意見なら信用できない。一部が全体の意見を代表しているという根拠がないからである。そこで過去の販売データと現状との比較、他社の品揃えの変化、欧米の先進事例との比較など、科学的な根拠に基づいた類推を実験によって確かめねばならない。

人口の高齢化と働く女性の増加、そして単身世帯の増加という3大潮流に合わせた品揃えを模索することが急がれるが、第五の課題はこの問題の解決策ともなるショートタイムショッピングの実現である。公道から店の敷地に入りやすい道路設定、店の前に広く確保した駐車場、切り返しなしで止められる駐車区画、購買頻度を統一したショッピングセンターのテナント構成、シンプルな店内レイアウトは店舗開発の任務である。

お客の購買行動に合った売場関連、売場分類、セルフサービスの完全化は商品部の役割である。売れ筋や育成品種を目立たせるプレゼンテーション手法を開発するのはプレゼンテーション担当者の任務である。すべてがショートタイムショッピングにつながっている。

お客がストレスなしに欲しいものが手に入る環境を整えれば、自然に客数が増え、1人当たりの買い上げ品目数が増えるのだ。

お客の満足度を高める手段は数多いが、それらを片端から実行すればコスト高になる。オペレーションコストが高まると安売りできなくなり、値上げを余儀なくされる。それではお客の満足度を引き下げる。

チェーンストアは「お客の心からなる満足」とそれを実現するために「増える作業種類と作業量」の調和を取る。その徹底のさせ方が自社、自店のスペシャリティとなるのである。

セルフサービス

セルフサービスはベストサービス

「セルフサービス」という画期的な販売方法は1916年にアメリカで開発された。その便利さはお客を魅了し、100年たった今日では多くのチェーンストアフォーマットがその手法を導入し、発展させている。

今日のアメリカでは、セルフサービスでない小売業フォーマットを探すのが難しい。食品や生活雑貨のみならず、服飾品を扱う百貨店や専門店でもセルフサービスが常識化しているのだ。そのため接客サービスはサイズ調整が問題になる毛皮や高級紳士スーツ、高級な靴、宝石売場や高級専門店に限られるようになったのである。日本にも進出しているホームファニシングのチェーン、イケアは、家具さえセルフサービスで販売しているくらいである。

そうなった理由は、お客にとってセルフサービスが「ベストサービス」だからに他ならない。

ところが日本ではセルフサービスを「ノーサービス」と誤解している人がいまだに多い。お客への商品説明や、量り売りをせず、チェックアウト手続きの場所を固定してお客をそこまで歩かせるなどで、店側が手抜きをすると考えるからである。

手抜きどころか実はセルフサービスには膨大な準備作業が必要だ。

接客で商品説明をしなくて済むように、品揃えには慎重な検討がいる。お客に違いが分からない、似たような商品は並べられない。メーカーが作り、問屋が扱っているさまざまな商品の中からお客にとって最も有利で、店側にとっては扱いやすく利益率の高い品を選ばねばならない。そのための調査と研究が欠かせない。ベンダーのお勧めをうのみにして片端から仕入れるなどといった安易な品揃えはできないのである。

選んだ末に、それでもお客が見ただけで内容が分からないものなら、その品質の特徴や使い方をお客に知らせる対策がいる。パッケージに印刷するか、ＰＯＰ広告を付けるか、パンフレットを印刷するか、いずれかの準備がいるのだ。そうすればお客は店員に聞かなくても自分の用途に最も適切な品を短時間で選ぶことができる。

目的の品だけでなく、同時に使う関連商品が同じ売場に揃っていなければ、やっぱりお客は店員を探して聞かなければならない。店側はその手数を避けるために、同じ目的でお客が必要とする品種と品目をあらかじめ同じ売場に集めておかなければならないのである。

例えばホームセンターならタイル売場にさまざまな用途やスタイルのタイルを揃えるだけでは

なく、専用のカッターや接着剤やマスキングテープなど、それを貼るために必要な道具を揃えることで、それらを買って帰れば自分でタイルが貼れると、お客に知らせることができる。お客は専門知識のある店員を探したり接客の順番待ちをしたりする必要がなくなるのだ。

服飾品も同様にブラウス売場、セーター売場、パンツ売場、スカーフ売場など、品種グループごとではなく、コーディネートグループごとに異なる品種がまとまった売場がつくられていたら、お客のファッションセンスの良しあしに関わらず、周りを見回しただけで組み合わせるものが分かる。だから店員の助言はいらないのである。

セルフサービス完全化の条件

次に、量り売りをしないためにはプリパッケージが必要である。お客の購買単位に合わせて品種ごとに数種類のパッケージング作業がいるのだ。製造段階で済ませられることもあるが、自社のセンターで行われる作業もある。

セルフサービスはこうした商品部による周到な準備の下でようやく実現できるベストサービスである。つまりセルフサービスとは接客応対をしないで、お客に無駄な時間を使わせずに、心から満足して必要な品が買えるような状態をつくることなのである。

普通お客は店で接客店員と応対することを望まない。忙しい日常の中で買物に余分な時間を取られたくないのだ。女性の社会進出が常識化した今日では、ショートタイムショッピングこそお客が望み、店側が追い求めるべき課題である。使う立場のお客にとってはどうでもいい、作る側に立った押し付けがましい商品知識を接客店員から聞かされることは迷惑である。

店づくりもセルフサービスを完全化するために進化している。お客が、①探さなくても、②店員に尋ねなくても、③待たなくても、④迷わなくても、⑤即座に必要な品とその関連商品を購入できるようにするためには、商品の準備だけではなく、店舗と売場の物理的条件も重要な役割を果たすが、それについては第5章で述べる。

次にお客の来店目的に合わせて品揃えが完全化できる売場面積を確保していること。そして店全体の商品部門の商品政策が一定のレベルで統一されていることもセルフサービス完全化の条件である。これがないと、お客は用のある売場とない売場を選別しながら店内を回遊せねばならず、結果として買上品目数は増えない。

店内レイアウトは主通路を広く取り、曲がり角を少なくし、高過ぎる陳列を排除して見通しを確保する。そうすることでお客が自然に店内を一巡するように仕向けるのだ。

商品部門の配列はお客の買物の順序に合わせる。

セルフサービスはこうした業態、つまり物理的条件を整えることで実現するのである。

本当の接客とは何か

日本の小売業は売上高が不振だと接客を強化する。その実態は接客の名を借りた押し売りであることは先に述べた。この販売方法は日本の百貨店と専門店の常とう手段である。しかしこの接客を日本のお客が歓迎しているかといえばそうではない。

一方アメリカの百貨店はセルフサービスである。だから日本のように売場で客待ちをしている店員はいない。レジの近くに店員はいるが、何かしら商品管理の作業をしているのだ。それでもお客を無視しているのではない。売場に入り込んだお客には「何かお探しならお手伝いします」と声を掛け、聞けば案内してくれるが付きまとわない。目が合えばにこやかにあいさつし、お客が店員を探すそぶりを見せれば近づいて応対してくれる。

服飾品などは試着をしたければ試着室の出入りは多くの場合自由である。日本の百貨店のようにブランドごとに狭い試着室があって、他社のものを同時に持ち込めない不便な環境ではない。どのブランドのものでも同じ試着室を使えるため、試着は1度で済ませられる。

しかもアメリカの試着室は百貨店も専門店も、ディスカウントストアまでが1区画を広くゆったりさせている。したがってお客は5～10着持ち込んで自由に比較ができるのだ。試着室担当の店員は時折試着室の扉越しに用事を聞きに来る。異なるサイズ、色、類似品の選択肢など、要望

図表21 セルフサービスの本質

1. 本質

サービスとは ①接客・応対しないで（耳に訴えないで）
②お客を心から満足させること（目に訴え掛ける）

2. 解釈

(1) 省力化（店員が手を抜くことではない）→人件費節約対策ではない

(2) レジを店内の1カ所にまとめることではない

(3)

日本の実態
お客が ①探さねばならない
②尋ねねばならない
③待たなければならない
④迷わなければならない
⑤時間をかけねばならない

→

あるべき姿
・探さない
・尋ねない
・待たない
・迷わない
・即座に

→ 楽しい買い物へ

3. 意味

	狙い	本質	基本方法
×	No service	手抜き・店が楽をする	省力化・人員削減策・人件費節約対策
◎	Better service	さまざまな工夫（調査と実験の繰り返し）	お客にとって、より便利な売り方の開発

を言えば持ってきてくれるのだ。

その後買わなくてもお客は店員に言い訳する必要がない。彼らの関心事はお客が気に入ったものを見つけられたかどうかで、買うか買わないかではないのである。

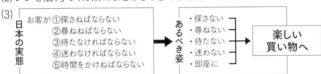

試着後の商品は試着室入り口のラックに掛けておけばいいだけだ。もちろん欲しいものがあればレジに行って購入する。

この点、日本では接客店員の許可がなければ試着できない。さらに彼らは試着室の扉の前に張り付いて、押し売りすることが義務付けられている。そんな状況下では試着したのに買わないと断ることは困難である。だから、日本の百貨店は客数を減らしているのである。

ちなみにアメリカのチェーンストアはセルフサービスでも感じの良い接客をする。百貨店もスーパーマーケットも同様に、レジでチェッカーとサッカーがその任を担っている。お客が選んでレジに持ってきた商品を褒め、買ってくれたことの感謝を笑顔と言葉で表現する。とくに高齢者と子供は丁寧に扱う。数分のことだが実に感じが良い。

そのためにアメリカのチェーンストアはさまざまな接客用語をマニュアル化している。お客が老人なら「ご機嫌いかがですか」、子供連れなら子供に「お母さんと一緒でいいわね」、買ったものが子供服なら「かわいい」、婦人服なら「私も欲しい」と褒めるなどである。

ところが日本ではレジ係が接客をしない。スーパーマーケットのレジ係に顕著だが、買った商品を包んでもくれないし、一応お礼は言うがお客の目を見ない。お客がお釣りをもらって財布にしまう間もなく、もう次に並んでいるお客のスキャンを始める。もたもたしていると顎でセルフサッキング台を示し、そちらに移動しろと指示される始末だ。

レジ係が悪いのではない。日本ではレジ係にチェックアウトの処理を早く済ませることを求めているので、義務付けが違うのだ。

お客が何人並んでいようと手抜きせず一人ひとりのお客を大切に扱うアメリカのセルフサービス店と、セルフサービスをノーサービスと勘違いしている日本の店舗との違いである。

店舗オペレーション

店段階で努力すべきこと、してはならないこと

店舗現場で勤務する人は、毎日のように売上高を高める努力をすることを求められているはずだ。売上高は客数と客単価の掛け算で決まるから、そのどちらか、または両方を増やすことで増える。しかし店段階でいくら工夫しても、よい結果を導き出した事例は少ないのが実情だ。

客数は立地条件、ＳＣのテナント構成、駐車場の便利さ、売場面積、店舗構造とレイアウトの便利さなどの店舗の物理的条件で決まることは先に述べた。さらに低価格販売、部門構成、セルフサービスの完成度などを含めた業態（商品の販売方法）も、客数を左右する重要な要素だ。しかし、こうしたことはすべて本部の決定事項だから、店長にはどうすることもできない。

それでも売上高を高める努力が求められるので、店ごとに店長は知恵を絞る。客数を増やすために店独自の特売を企画し、チラシをつくって配布する。

呼び込み販売でお買得品を目立たせ、もう1品目追加して買ってもらおうと接客する。また売

価の低いものより高いものが売れたほうが客単価は高まるから、安いものを引っ込めて、高いものを目立たせる。

さらに店にないものをお客が要望すれば商品部に通知して品揃えに加えてもらう。

しかしその努力の結果は費用対効果が低い。短期特価特売で客数は増えるが、それには店だけではなく本部やセンターでも準備と後始末に時間がかかるから、頻発すればするほど売上高が上がっても収益に悪影響を及ぼすことになるのだ。

呼び込み販売で、ぎりぎりまで荒利益率を引き下げたお買得品をお客に売り込めば、放っておけばその代わりにお客が買ったはずの、荒利益率が適切な商品が売れなくなる。つまり買い上げ品目数は増えないのである。しかも人件費などのコストは回収できない。

また高いものを目立たせればお客に高価格イメージを与えてしまうから、固定客を減らすことになり、負の影響が大きい。

店でできることは、本部で決めた店舗と品揃えの状態をあるべき形に維持することである。最良の状態を保つことで客数を減らさないことと、安定させることはできる。つまり予定どおりの数量が自然に売れてゆく状況をつくるのである。

さらに売れ筋の欠品を発生する以前に発見し、商品部に緊急報告することで追加集荷と棚割りの修正が行われれば、機会損失を未然に防げる。その分の売上高を増やすことができるのだ。

店長の数値責任は営業利益の確保

このように売上高に直接影響を与える多くの決定事項は本部で行われる一方、売上高よりもっと重要な営業利益については、店での決定が大いに影響を及ぼすのである。

チェーンストア経営システムでは、店長に課せられる数値責任は売上高予算の達成ではない。営業利益率または営業利益高の予算達成である。小型店に多い店長がいないスーパーインテンデント制の場合、営業利益高ではなく人時生産性になる。その数値責任は経費を削減することで達成できる。店長の決定のしかたでよい結果を導き出すことが確実にできるのである。

本部の決定事項で決まる売上高が高くても低くても、そこから支出される経費をコントロールすれば、高く安定した収益を確保できる。その分業体制こそチェーンストア経営システムの神髄である。

経費は、その約半分を占める人件費に重点がある。この数値をコントロールすることこそ営業利益確保の決め手となるのだ。しかし店段階で経費削減というと「電気をこまめに消せ」「節水しろ」「消耗品を節約しろ」などの注意事項が多くなる。ところがこれらを熱心に実行したところで大した節約にはならない。照明設備は必要だから取り付けたはずで、消したら作業効率が落ちかねない。消耗品の節約はするべきだが、してもいくらでもないはずだ。それより声を大にして節約運動を進めている人の人件費のほうが高いはずである。

最低時給の従業者でも時給1000円以上となる。長期勤務ならパートでも1300円以上となる。社員なら年収だけでなく福利厚生費も教育費も加算されるから、それを割り算すれば2000円以上になる場合が多い。これらの従業者が店にいるだけで人件費が発生するが、現状では目的だけを言って作業手順も使う道具も作業者に包括委任するから、作業のたびに試行錯誤とやり直しの時間がかかっている。時給×時間が無駄になるのでコピー用紙の無駄遣いなどとは比較にならないほど高額になるが、調べていないので気が付いていないだけなのだ。

とくに勤務年数の長いベテランパートは時給が高いにもかかわらず、新米パートの手伝いや後始末を率先して行うことを期待されるので無駄が多い。

包括委任や自発的作業を禁止して時給に見合った訓練済みの作業を割り当て、必要に応じた稼働計画を立てれば、人件費支出を大幅に下げることができる。それこそ店長の主要任務である。

繰り返すが目標は荒利益高の2割を営業利益として残すために、8割であらゆる経費を賄うことだ。そのために荒利益高に占める現場の人件費（労働分配率）の割合は、34％までに止めたい。

ほかにも店舗や陳列器具のリース料、設備負担費も引き下げられるかもしれない。だが、それは本部側がまとめて交渉することで店長の責任ではない。

労働生産性が低すぎる

チェーンストアの店舗は売れなくても儲かるようにつくられる。したがって初期投資額を低く押さえる。近隣住民が来店しやすく、計画どおりの客数が確保できる立地を選び、機能は充実させつつも簡素な低コスト店舗をつくる。お客が購入するのは店の設備ではなく商品だから、店が豪華である必要はないのだ。

チェーンストアの店舗は損益分岐点売上高比率70％台をめざす。それには初期投資額だけでなくオペレーションコストも低くなければならない。第3章で述べたように荒利益高の2割を営業利益として確保することが前提で、残りの8割であらゆる経費を賄う。その経費の約半分が人件費で経費中の割合で最も高いから、人件費の効率的な使い方がチェーンストアの収益性を左右するのである。

ところが日本のチェーンストア志向企業はいまだに人海戦術を前提としたハイコストなオペレーションシステムを引きずっている。だから売上高は欧米のチェーンと比べて1・5～2倍もあるのに営業利益は半分以下で、「売れても儲からない」のである。

収益性確保のカギを握るのは人件費である。労働生産性の概念を学び、その数値を高められるチェーンストアらしいオペレーションシステムを構築すれば、オーバーストアによる売上高減少時代の本格的な競争に勝ち残れる。

労働生産性とは従業者1人当たりの年間の荒利益高である。荒利益高はあらゆる経費と営業利益の源泉となるものだから高いほうが有利である。しかし人件費をかけ過ぎるとどんなに荒利益高が高くても利益を出すことができない。そこで「従業者1人当たり」という概念が必要となる。労働生産性は、高いほうが人件費を有効活用していることになり、逆に低いと人海戦術が横行して生産性が低いと考えられるのである。

労働生産性のフォーマット特性

労働生産性の目安は会社全体で1000万円以上である。企業の年間荒利益高を従業者数で割り算することで算出できる。この場合の従業者数は頭数ではなく、1人の年間の労働時間を2000時間としたフルタイムで換算する。週で算出するなら40時間である。流通業はパートタイマーが多いため、実質的な人数で生産性を比較する必要があるのだ。

実態は図表22に示したようにフォーマットによって大幅な格差がある。上場企業の平均値で比較すると、小売業ではスーパーマーケット（SM）が最も低く754万円、ドラッグストアが986万円、ホームセンター（HC）が1022万円、紳士スーツの専門店が1186万円、家電専門店が１５５８万円である。

ＳＭが最低なのは、店内作業の種類と量が多すぎるからにほかならない。発注、ベンダーからの荷受けと補充、そしてプリパッケージや総菜などの店内商品加工を店ごとに別々に行っているからである。一方でそれらの作業をセンターで行うＳＭは労働生産が高いが少数派だ。

ＨＣの数値は低下傾向にある。業務・作業システム改革が進まないうえに売場販売効率が低下したため、労働生産性の分子となる荒利益高が減っているのである。

１０００万円を超えた労働生産性を確保しているのは主に非食品のフォーマットである。非食品は食品と比べて商品管理作業に人手がかからない。発注と補充頻度が低く、生鮮食品のような〝足が早い〟商品は少ないからだ。さらに非食品は食品に比べて１品単価が高く、荒利益率も高い。つまり分子の荒利益高が多く、分母の従業者数が少ないから労働生産性が高くなるのである。

荒利益高は仕入れ商品を自社ブランドに変えられれば荒利益率が高まるから増える。また売場販売効率が高まれば荒利益高も増えるはずだが、荒利益率を下げて特売して増やした売場販売効率なら荒利益高の増え方は緩慢だ。しかもその場合、特売の準備と後片付け作業に膨大な人時数がかかるから労働生産性は減る場合が多いのだ。

労働生産性を高めなければ賃金水準は改善できない。その目安が１０００万円である。それ以上ないとチェーンストア経営システムをけん引する有能な人材を数多く集めるのは困難なのだ。

その高め方は分子の荒利益高より分母の従業者数を減らすほうが早い。荒利益高を高める商品改革はもちろん必要だが、それは徐々に進めるしかないが、従業者数削減のための業務・作業システム改革はその気になればすぐにできるから成果が上げやすいのである。

ちなみに店やセンターなど現場の必要労働生産性は1200万円となる。本部の人件費をカバーしなければならないからである。

1人当たり面積を拡大する

労働生産性向上のための業務・作業システム改革の評価尺度が従業者1人当たり売場面積である。それが広ければ労働生産性を高める改革が進んでいると評価できるが、減っているなら改悪である。現状のフォーマット別数値は図表23に示した。スーパーマーケット（SM）が10・6坪で2010年の10・2坪からわずかに増えただけだ。

企業ごとにみると大幅な格差がついているのだが小型店の新店が多いから平均値は大して改善されない。700坪の適正規模も300坪の小型店も基本的な業務にかける人手は変わらず、扱う品目数に大差がないから補充頻度が高まる。同じように店内商品加工作業をしているため、多品目少量生産でさらなる生産性の悪化を招いている。その結果小型店の1人当たり面積が狭くな

図表22 労働生産性の変化

単位：万円

日本リテイリングセンター調べ

		2018	2015	2014	2010	2005
日本型スーパーストア	本体	907	955	945	902	918
スーパーマーケット		754	717	693	677	723
ドラッグストア		986	883	890	875	943
ホームセンター		1022	952	982	961	974
専門店	背広	1186	1319	1403	1326	1517
	洋品	1102	1006	997	996	1018
	靴	1248	1300	—	1095	1201
	眼鏡	1010	910	916	872	1078
	宝飾	1152	979	999	971	1165
	スポーツ	987	1007	1078	1101	1021
	家電	1558	1367	1340	1362	1144
	家具	1561	1613	1720	1729	1795

図表23 従業者1人当たり面積の変化

単位：坪

日本リテイリングセンター調べ

		2018	2015	2014	2010	2005
日本型スーパーストア	本体	18.7	23.3	23.1	20.8	17.2
スーパーマーケット		10.6	9.9	9.9	10.2	9.5
ドラッグストア		22.0	22.2	20.1	19.8	18.6
ホームセンター		45.1	43.3	44.7	44.2	34.9
専門店	洋品	19.0	16.6	17.7	16.2	13.7
	靴	20.0	19.0	—	15.0	13.7

註．靴のみ2017年度の数値

るのである。

一方、労働生産性の高い専門フォーマットには1人30坪超の企業が多い。SMの3倍以上である。だから売場販売効率が低くても収益が高くなる。ホームセンターは1人当たり面積がさらに広く45坪である。そのため売場販売効率が70万円しかなく、坪当たり荒利益高は22万円しかなくても、労働生産性はSMより高いのである。

SMはこれまでのままの人海戦術を大変革しなければ競争に勝ち残れない。さらなる業務・作業システム改革が必要である。

分子の荒利益高を増やすことは

商品部の品揃え改革と商品調達のためのバーティカル・マーチャンダイジングのルートづくりにかかっている。同時に業務・作業システム改革によってローコストオペレーションを可能にする。つまり労働生産性の分母となる従業者数が少なくても決められた業務と作業が完全にできるような仕組みをつくるのだ。２つの異なる努力を積み重ねることでチェーンストアらしいシステムの構築が可能である。

米国のチェーンはＳＭでも労働生産性が日本の2倍以上と高い。１人当たり面積でいえば２・5倍以上の25〜35坪もある。店で行う業務・作業を必要最小限まで削減し、残りはすべて本部と各種センターに吸収し、専門家が最新設備を駆使して効率よく処理しているからである。そのシステムはさらに洗練されつつある。属人的知識と技術に依存していてはできないシステムである。

人時生産性を高める仕組みと方法

日本の小売業界で最も遅れているテーマが生産性の高い業務・作業システム構築である。これが完成しないとチェーンストア経営システムは機能しないし、店数を増やしにくい。

労働生産性、つまり従業者1人当たり年間荒利益高は会社全体で１０００万円、店段階では１２００万円を目安にする。チェーンストア経営システムではあらゆる決定を本部で行うから本部組織に膨大な人手を要する。したがって店はその分の人件費をカバーするために生産性を高めねばならない。だから本部費用として2割を加算する。

人時生産性は従業者1人当たりの労働時間を年間2000時間として計算するから、5000円と6000円になるのだ。業務・作業は時間単位で改革しなければならないので人時生産性を改革の尺度とする。

分配率管理の条件から逆算して算出した目標数値が、労働生産性と人時生産性である。

現状の店段階の人時生産性は図表24のとおりだが、目標の6000円超えを果たした企業は少ない。とくにフードサービス業とSM、生協グループはいずれも最大頻度値が2500円以上3000円までで、目標の半分に満たないのである。

一方で目標値を超える高い生産性を誇る企業も現れている。同一フォーマット内の企業間格差が拡大しているのである。それは荒利益高の向上と業務・作業システム改革の進行状況による。

これとは別に従業者1人当たり守備面積の基準がある。食品の場合は20坪、非食品の場合は60坪、フードサービス業の場合は10坪が目安である。根拠は坪当たり荒利益高である。それが高ければ1人当たりの守備面積は狭くても利益を上げられるが、低ければ1人が広い面積を管理しなければならない。

食品は非食品より荒利益率は低いが売場販売効率が高いため、坪当たり荒利益高は高くなる。

図表24 店舗従業者の人時生産性平均値の現状

単位：%

	SM、小型SM	生協	DgS	HC・ホームグッズ主力総合店	衣料スーパー、衣料専門店	HFuS	フードサービス
社数	16	4	4	6	5	4	17
店数	129	21	14	37	28	76	121
1,000円以上	0.7	4.7					9.9
2,000	5.4	14.2	7.1				9.0
2,500	26.3	28.5			3.5		**38.8**
3,000	**29.4**	**42.8**	7.1	10.8	10.7		23.1
3,500	25.5	4.7	**28.5**	**27.0**	**21.4**		10.7
4,000	5.4	4.7	21.4	18.9	14.2		4.9
4,500	3.1		21.4	16.2	10.7		3.3
5,000	2.3		7.1	21.6	3.5	1.3	
5,500			7.1		17.8	2.6	
6,000	1.5				7.1	1.3	
6,500				2.7	3.5	1.3	
7,000				2.7		2.6	
7,500						5.2	
8,000					3.5		
8,500					3.5	1.3	
9,000						3.9	
9,500						9.2	
10,000						**26.3**	
11,000						22.3	
12,000						15.7	
13,000円以上						6.5	

日本リテイリングセンター調べ
※フォーマットごとの店数構成比率。太字は最高頻度値を示す
※2006年～17年のペガサスクラブ「ストアマネジメントセミナー」参加者の週間稼働記録集計
※1社で複数店ある場合は、その平均値をとって1店として集計。同一企業でも看板名が異なる場合、それぞれを対象とした
※HFuS＝ホームファニシングストア

しかし売場販売効率が高いということは補充やチェックアウトや掃除などに人時数が多くかかるから、1人当たり面積は狭くなるのだ。

逆に非食品の荒利益率は高いが客数が少ないから売場販売効率は低い。したがって坪当たり荒利益高は高くないので1人当たり面積を広く設定しなければならない。客数は食品ほど多くならないので商品管理に必要な人員が少なくて済み、1人当たり面積を広くするのは容易だ。

この場合も実際の数値は低すぎる。目標の半分以下という例が少なくないのである。そこで、システムの大改革が不可欠である。

一方で「労基法の順守」も課題である。到達点は、労働条件を他産業並みに向上することである。流通業の給与水準は決して高くない。しかしシステム構築ができる有能な人材を確保するためには労働条件を向上しなければならない。そのために高い収益性を維持する仕組みが必要となる。ローコストオペレーションシステムの確立による収益確保が不可欠なのだ。

一連の業務を難易度別に分解

前述したように、チェーンストアの業務・作業は単純化を前提とする。

まず今店で実行している、または行う予定になっている業務・作業の種類を大幅に削減する。

現状はトップマネジメントの思い付きや業界の流行で意味なく増やしてきたものが多いから、いったんリセットして本当にしなければならないことと、止めることを決める。

次にしなければならないことは、本部かセンターでまとめてできないか検討する。店に残す業務・作業は少数に限定すべきである。

さらに人が行うのではなく、機械を使う。専任者が担当する。製造業が工場で行うのと同じように、インダストリアリズムを導入するのである。

こうして業務・作業の種類を減らすことで総人時数を大幅に削減できる。それからローコストオペレーション対策に取り組むのである。

業務・作業をローコストで実行するためには未熟練労働者をフル活用する。それは社員の仕事をパートタイマーにさせることではない。未熟練でも決められたとおり実行すれば自然に、楽に、完全作業ができるようにすることである。作業従事者がその都度考えたり、工夫したり、困ったり、または先輩に聞いたりしなくても業務を遂行できるようにするのだ。

それはキマリの決め方で実現できる。最も効率のよい設備や道具の開発と、動作の指定と手順の決定でマニュアルがつくられ、そのとおり実行することを指導すれば、熟練は不要である。現状では一連の業務として社員や熟練パートタイマーが担当していることも、難易度別の作業単位に分解すれば全体量の8～9割は未熟練作業者に移行できるはずだ。残りの1～2割の高難度業務を社員や時給の高い熟練パートタイマーに割り当てる。

つまり現状では慣れたパートが一連の業務として一人で遂行している内容を難易度別に分解し、それに見合った時給の担当者を配置するのだ。

一方で従業者の時給格差は大きくする。難易度の高い業務を完全に果たすことができる人は時給が高く、難易度の低い作業をこなす人は時給が低いのだ。前者の人数は少なく、後者の人数は多くなるから結果として総人件費は引き下げられるのである。

設備の標準化が前提

業務・作業改革を実行するためには店の標準化が前提となる。店ごとに異なる面積と設備、そして商品をそのままにしていては、改革は進まない。店ごとに売場の面積や形、後方スペースや事務所の位置、構造、設備が違えば統一マニュアルをつくりにくいからだ。また、棚割りが店ごとに違うと、商品管理業務の内容も変わってくるからマニュアル化がしにくくなる。

店の標準化は業務・作業システムと同じように日本の流通業が欧米に比べて後れを取っている部分だ。この問題を放置したままではチェーンシステム構築はできない。

したがって改革のためのプロジェクトは「業務・作業改革プロジェクト」「店の標準化プロジ

ェクト」「棚割り標準化プロジェクト」の3つのテーマを同時進行すべきである。

プロジェクトを実行するチームは、改革を目的に部署横断的に臨時招集された改革集団である。期限が決められ、改善・改革のための調査と実験の企画、分析、判断を担当する。実際の調査はタスクフォースを招集して実行するのだ。

前述したように業務・作業の改革プロジェクトはまず、業務・作業を①やめること、②本部やセンターに集約すること、③引き続き店で実行することの3種類に分類することから始めるが、ここで大ナタを振るわねばならない。書き出した現状の業務・作業種類の半分ほどはやめるほうに分類しても差し支えないはずである。

それから②と③を単純化し、完全化する対策を検討する。すると、継続する業務・作業のなかにはキマリを決めたらかえって人時数が増加する例も出てくるはずだ。これまで教育していない未熟練従業者に包括委任して判断を任せていたことが多いためだ。あるべき方法を決めればかえって時間がかかることもある。これまでごまかしていたのだから仕方がない。

これらのプロジェクトを始めると、抵抗勢力が出現する。変えることを好まない保守派はどこにでもいるものだ。しかも発言権が強い役員クラス、大手なら部長クラスにもこの人種が多いのが常である。自分の判断を更新しなくて済むように現状を維持したいと粘るのだ。

しかしこの難関を突破しないと改革は進まないから、反対しそうな保守派を最初からプロジェクト内に取り込んでおくことが秘策である。実務を司る幹事ではなく委員会の一委員として最初から内容を説明し、意見を聞く。そうすることで後から反対できないようにするのである。

総人時数を削減する仕組みをつくる

人件費の削減には総人時数の削減と平均時給の低減の2つの方向性がある。

総人時数の削減はまず「やめる業務と作業」を増やすことだが、単純にやめると決定できることは多くない。ここでの判断基準として、やめてもお客の買物に支障がなく、店側の収益に影響を及ぼさないなら、その作業はしなくてよいのだ。何のためにその作業を始めたのかという理由が忘れ去られ、ビジネス環境が変化しているのに、惰性的に店で行っていることが多いのだ。やめてしまえばその分の人時数は確実に減る。

商品加工作業はセンターに集約すべきである。総菜や弁当の生産、プリパッケージなど、製造業と同じことをするのだから小規模の町工場で、原始的な機械設備で少量生産するより、最新設備の整った大工場で大量生産したほうが製品の品質は高く、値段も安くできることはわかるだろう。小売業も同じである。

現状は素人のパート従業者が、稚拙な器具を使って多品目少量生産しているが、全店分をセンターで大量生産すれば、専門知識を持った技術者と最新式の機械を動員できる。食品の最重要課題である衛生管理も完全化できる。全店で行われていた準備と後かたづけ作業が1回で済むだけでなく、商品化の作業も数や量がまとまれば、連続作業で速くなるから人件費を抑えられる。実際、日本のコンビニエンスストアの総菜や弁当はセンター生産である。衛生管理徹底の点からも個別に店で行うべきではない。

非食品のフォーマットも納品単位から販売単位への小分け作業を店で実行してはならない。

さらに事務作業も店単位ではなく、全店分を本部にいる専門の担当者が実行したほうが正確で速くなる。そのための情報はＩＴ革命のおかげでリアルタイムに入手できるのだ。

作業が店舗からなくなれば、それらの作業のための教育訓練もなくなる。店段階の従業者の頭数が一挙に減ることで、付帯設備も軽減できる。店長の重責が軽くなり、本来の業務に専念できるはずである。

店でしかできない商品管理作業は残るが、頻度を減らすことはできる。毎日、毎週行っている補充作業は、棚割りをやり直せば頻度を下げることができる。実際に毎日補充している品目は限られ、在庫が間に合っていて補充の必要がない品目は多いのだ。販売数量と陳列数量が正比例していれば全品目の補充頻度を一挙に減らせるのである。

作業はいつ実行するのが効率的なのか検討する。補充作業なら営業時間外、または客数の少ない時間帯のほうが都合はよい。陳列整理なら客数が増える時間帯の直前であるべきだ。

さらにパート従業者は正社員より勤務時間が短いことが条件だから、その短い時間に行う業務・作業の種類は少ないほうが完全化しやすい。店長が行う作業割り当ても稼働計画も立てやすくなるのだ。

いずれも業務・作業の内容、つまり手順と使う道具と動作のマニュアルは正確なものが必要である。それを見るだけで今日初めて勤務する人が義務を果たせるようにすべきなのだ。マニュアルは共通だから本部で作成すべきで、店段階で別々につくるものではない。

チェーンストアの作業システムは同一賃金同一労働を前提として、時給に見合った作業を割り当て、完全作業を導き出す。その結果、人件費は削減できて営業利益の確保につながるのである。

組織

スーパースターより組織力

組織とは人類だけが用いることができる高度な知識である。個人ではなし得ない壮大な事業を、複数で分業することによってその頭数以上の能力を発揮してやり遂げる。チェーンストア経営の原点は組織開発にあるのだ。

チェーンストアは1人の天才がつくるのではない。個人に与えられた時間は誰にも平等に1日24時間だけだから、いくら有能でも1人でできる仕事は限られる。そのため社会的影響力のあるチェーンストアシステムは多くの人手を要し、彼らが決められた役割分担を確実に果たすことで組織としてのパワーを発揮するのである。

支店経営では何でもできるスーパースター店長のもと、社員もパートも店のあらゆる業務をこなせることを最良とする。そして従業者同士、不足を補い、助け合うことも求められる。したがって、常に周囲に気を配り、臨機応変に自分の業務を変え、工夫できる人を高く評価する。

しかし個人の能力に頼っていたら、その人がいなくなれば業務に支障をきたす。代わりの人が同じようにできる保証はないのだ。さらに何でもできる人が育つには年月を要する。それでは店数を増やすことができないから、企業として規模の利益を享受しにくいのである。

そこでチェーンストア経営では個人の力よりも組織が生む総合力を重視する。そのほうが確実に成果が上がると分かっているからである。多人数だと、烏合の衆になりやすく、10人いても7〜8人分の成果しか上げられないのが常である。そうならないための特別な約束事こそ、人類史上最も重要な経験法則に裏付けられた、誇るべき知識、職務分業を定めた組織である。これなら10人がその人数を上回る成果を生み出すことができる。

組織は有能な人材ばかりの集合体である必要はない。能力のレベルごとに一つひとつの業務の方法論が確立していれば、誰もが分業できる。また同一レベルなら個人が入れ替わったとしても、同じ結果が得られるのだ。

チェーンストアの組織の特徴は「職能」にある

チェーンストアの組織体系は(イ)職位、(ロ)職能、(ハ)階層で構成される。

(イ)の職位は個人ごとの職務の違いを示す役割の名称である。1人の従業者に割当てられる包括的な仕事のことで、命令で発生する具体的な作業である職務の集合体である。「物流システム・マネジャー」「青山店店長」「寝具バイヤー」など、1人ごとに異なる職位を与えることで分業を明確にする。

図表25はチェーンストアの基本組織図で、主な職位名がこれでわかる。

(ロ)の職能は組織における機能、言い換えると活動目的の違いで従業者をグループ化したものである。図表中の組織図の職位はスタッフ、サービス、ラインスタッフ、クリエイティブライン、オペレーションラインの5職能でグルーピングされている。図表26で分かるとおり、それぞれの責任と職務遂行能力と努力の方向がまったく異なるのだ。したがって職能間は兼任ができないのである。

職能という横の分業でグループごとの数値責任を明確にすることで、異なる職位の努力方向を一本化することがねらいである。その結果、職能ごとの総合力が高まり、組織の効果は向上する。

スタッフはトップの方針・政策を起案する職能である。したがってそれ以外の4職能の経験者でなければ務まらない。企業の未来対策に関わるため、知識と経験が企業内で最高レベルの人がその任につく。だから多くは50歳以上のはずである。日本では店員や事務員や美容師をスタッフと呼ぶが、チェーンストアの組織用語とはまるで意味が違っている。

その職務は企業全体の中・長期的成長対策を決定し、経営政策を立案し、さらに進行状況をト

図表25 チェーンストア職位体系図(61種)

タテ書きは職能の名称、ヨコ書きは職位の名称(**太字**は不可欠なもの)

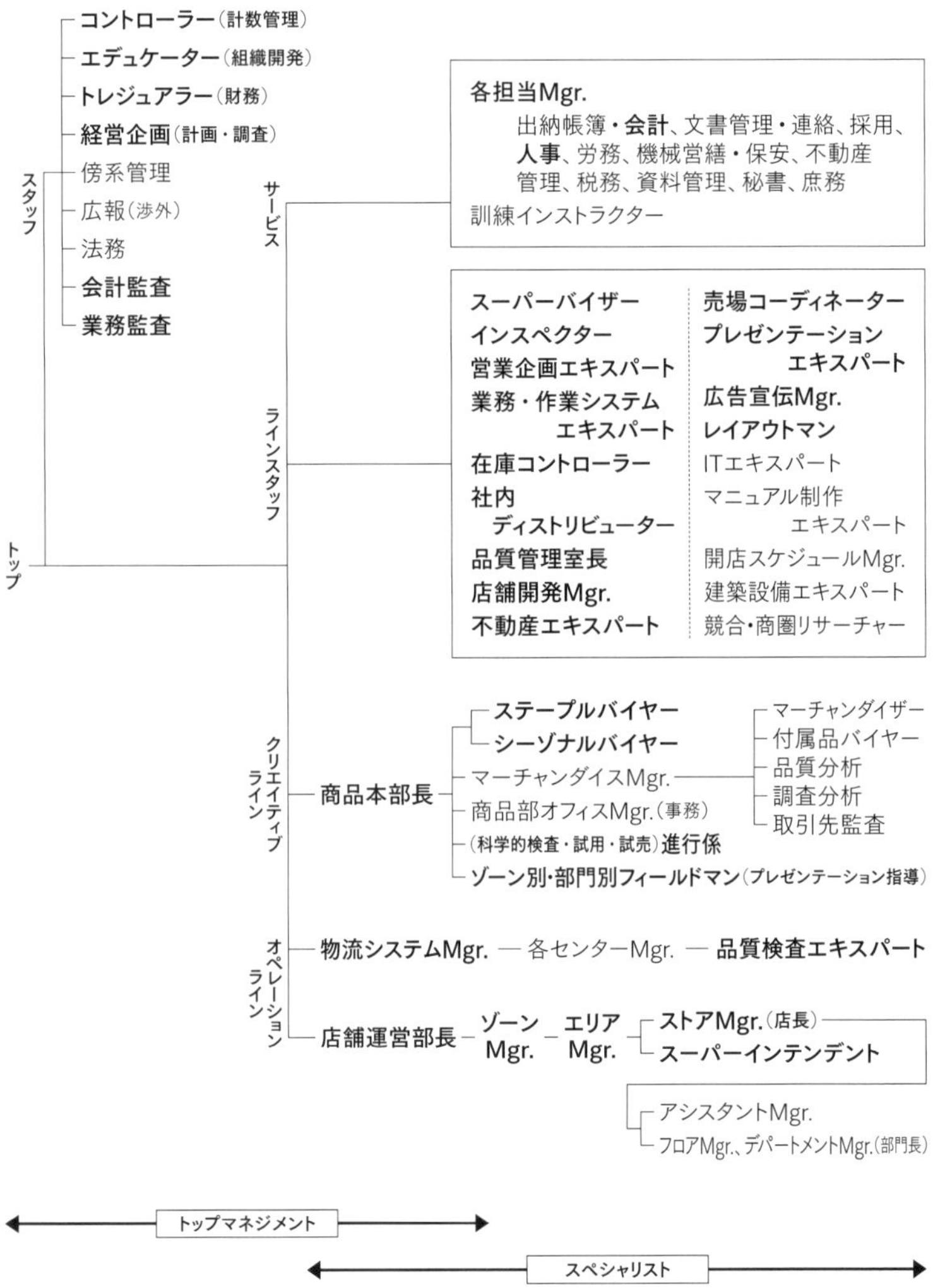
トップ
スタッフ
コントローラー(計数管理)
エデュケーター(組織開発)
トレジュアラー(財務)
経営企画(計画・調査)
傍系管理
広報(渉外)
法務
会計監査
業務監査
サービス
各担当Mgr.
出納帳簿・会計、文書管理・連絡、採用、人事、労務、機械営繕・保安、不動産管理、税務、資料管理、秘書、庶務
訓練インストラクター
ラインスタッフ
スーパーバイザー
インスペクター
営業企画エキスパート
業務・作業システムエキスパート
在庫コントローラー
社内ディストリビューター
品質管理室長
店舗開発Mgr.
不動産エキスパート
売場コーディネーター
プレゼンテーションエキスパート
広告宣伝Mgr.
レイアウトマン
ITエキスパート
マニュアル制作エキスパート
開店スケジュールMgr.
建築設備エキスパート
競合・商圏リサーチャー
クリエイティブライン
商品本部長
ステープルバイヤー
シーゾナルバイヤー
マーチャンダイスMgr.
商品部オフィスMgr.(事務)
(科学的検査・試用・試売)進行係
ゾーン別・部門別フィールドマン(プレゼンテーション指導)
マーチャンダイザー
付属品バイヤー
品質分析
調査分析
取引先監査
オペレーションライン
物流システムMgr.
各センターMgr.
品質検査エキスパート
店舗運営部長
ゾーンMgr.
エリアMgr.
ストアMgr.(店長)
スーパーインテンデント
アシスタントMgr.
フロアMgr.、デパートメントMgr.(部門長)
トップマネジメント
スペシャリスト

図表26 職能――5つに拡げる

職能		スタッフ	サービス	ラインスタッフ	クリエイティブライン	オペレーションライン
所属場所		本部	本部	本部	本部	店舗と物流Ctr.
数値責任の種類		資本収益性・成長性・安定性の経営効率	コスト削減率	方針との誤差率	●Mdser＝貢献差益高または品目（メニュー）別販売数量 ●Buyer＝〈小売業〉坪当たり荒利益高〈FS業〉1メニュー当たり荒利益高	坪当たり営業利益高（Ctr.では誤差率）
任務		①トップとの方針・政策の起案 ②企業全体の中・長期的成長対策の決定	①事務 ②初歩訓練	①調査、改革 ②キマリの徹底	商品に関する起案、決定	①現場の作業完全実行 ②問題の発見と報告・応急処置 ③ムダの排除
基本能力		コントロール力	厳正・徹底力	説明力	商品開発力	作業指導能力
年齢層	適切	45歳以上	30歳以上	40歳以上	40歳以上	30歳以上
	見習	40歳以上	27歳以上	35歳以上	35歳以上	27歳以上

ップに報告するスペシャリスト集団である。数値責任の種類は資本の収益性、成長性、安定性の経営効率を計画どおり変化させることである。そのためには専門的で深い知識と広い範囲の情報が必要で、同時に現場調査能力が欠かせない。スタッフはサービス職能と混同されがちだが内容がまったく異なるのだ。

サービスは事務および初歩訓練を担当する職能で、数値責任はコスト削減である。

ラインスタッフもしばしばスタッフと混同される職能だが、これもまったく違う。図表25の組織図でわかるとおり、ラインスタッフの職位の数は多い。それぞれに属する人数は少ない職位もあるが、トップ直轄で狭い範囲の課題を徹底するために設けられる。したがって改廃も多いのが特徴である。

これらの職位は一般的にはクリエイティブラインまたはオペレーションラインに属する場合が多いのだが、ラインスタッフ職能に独立させることでどちらからも影響されず、企業全体の利益に貢献できる。たとえば「品質管理」がクリエイティブラインに属する場合は多いが、そうなると開発する側に有利な条件設定になりやすい。しかしラインスタッフが担当すればお客の立場や企業の社会的位置づけから正当な判断ができるのだ。

クリエイティブラインは最も歴史の古い職能である。商品あっての商売だから、この職能は重要である。

クリエイティブラインは商品の集荷から販売終了までの営業活動上の決定と調整を行うことが職務上のテーマである。したがって荒利益高に責任を持つのである。

チェーンストア経営の場合、職位の種類は支店経営とは比べ物にならないほど多いのが特徴である。商品部機能を細かく分業しているのである。

もっと多い人数が所属している職能がオペレーションラインである。店舗と各種センターそれぞれにマネジャーが配置され、その下に機能別マネジャーがいて、さらにその下にマネジャーがいる。マネジャーの部下は20人前後であるべきだから、大型店の数が多ければ膨大な人数になる。

支店経営なら店長が経営者の代わりに何でも判断するから組織は単純だが、チェーンストアは店数の多さが有利に働くように仕組みをつくるため、組織力が問題になる。マス・ストアーズ・

オペレーション・システムは現場の作業完全化と生産性を高めるための新しい仕組みである。

これらの5職能が横に分業することがチェーンストアの組織の最大の特徴である。

3 階層に絞る

組織の目的はトップが決めた方針と政策の実現である。それを編成する従業者一人ひとりが改善・改革したい方向に数字を変化させる。つまりマネジメントするのである。

チェーンストアの組織の職能に次ぐ2つ目の特徴は「階層」が少なく上下関係が単純なことだ。しかし日本の流通業なら10段階以上になるはずで多すぎるのである。

企業の黎明期は階層が少ない。トップとワーカーしかいない。ところが規模拡大で従業者数が増えると、年功序列で多層化する。会長、社長、副社長、専務、常務、部長、副部長、課長、係長などである。

階層が多いと問題なのはトップの部下が少なくなることである。例えば部長は専務の部下でトップの部下ではないし、課長は部長の部下で専務の部下でもトップの部下でもない。したがって、階層が多いと従業者が何千人いてもトップの部下は数人しかいなくなる。それではトップが直接命令できる相手が少な過ぎて、やりたいことが実行できなくなるのだ。

階層本来の目的は命令系統の上下関係を明確にすることにある。上司はトップからの命令を実行するために、部下が行動できるような具体的な命令に翻訳して発令する。複数の部下に異なる課題を与えることで分業させるのだ。

例えばトップが店舗運営部長に「営業利益高を高めよ」と命令すれば、部長はその部下が店長なら「週人時数を30時間分減らした作業割り当てをつくれ」と、実行できる職務内容に翻訳して命令を出すのだ。

日本ではトップが業界のはやり言葉の「現場力を高めよ」と、店舗運営部長に言えば、それをそのまま店長に伝言する。店長は朝礼でパートに「現場力を高めよう」と叫び、それを聞いたパートは意味がわからないまま大きな声で返事をする。だから何も変わらない。このような伝言ゲームに終始するのは、階層の存在意義が理解されていないからである。

さらに階層が多いと上司が部下に責任を押し付け、さらにその部下に押し付けるなど責任の所在が分かりにくくなり、誰も責任を取らなくなるのだ。

チェーンストアの階層は図表27のように❶トップマネジメント、❷スペシャリスト、❸ワーカーの3段階である。❶のトップマネジメントはトップと取締役の3～15人のみである。❷のスペシャリストは同列で3つのグループに分けられる大人数のグループである。したがってトップマネジメントは多数の異なる職務を果たす部下を持つことができる。

図表27 階層――3つに絞る

階層	❶トップマネジメント	❷スペシャリスト			❸ワーカー	
職種	社長と取締役級3〜15人	マネジャー（管理）	タレント（技術）	ヘッド（技能）	スペシャリストトレイニー候補生	
給与体系	完全職務給				挑戦能力給	作業実力給
職務の果たし方	企業全体の運営指揮	命令と教育を部下に与えて作業をさせる	自ら作業をする（部下を使わない）		上司から権限を委譲された範囲で自ら作業をする	上司からの命令通りに完全実行する

マネジャースペシャリストは部下を使って数値責任を果たす職種で、各部の長、店長、センター長などがそれに当たる。

タレントスペシャリストは部下を使わず、自ら作業することで数値責任を果たす職種で、商品開発を担当するマーチャンダイザーや在庫コントローラーなどがそれに当たる。この2種類のスペシャリストの経験者が、数値責任の達成状況によってトップマネジメントに昇格する可能性を持っている。

もう1つのヘッドスペシャリストは特殊技能の保持者で、ブッチャー（枝肉のカット技術者）、コック、栄養士、デザイナーなど限定された職種で、彼らは他の職務に配転されることはない。

❸のワーカーは上司からの命令通りに業務を完全実行することが義務である。ワーカーが負うのは数値責任ではなく、マニュアル通りの業務や作業を完全実行する義務である。

ワーカーがスペシャリストに挑戦するには30才前後に受験資格があるトレイニー資格試験を受験する。試験に合格すれば30才代はトレイニーとして、スペシャリストになるべく訓練対象となるが、教育カリキュラム終了後、スペシャリスト資格試験に合格して初めてスペシャリストに昇格できるのだ。

一方でワーカーのまま昇級を希望しない人もいるが、チェーンストアは同一労働同一賃金が原則だから、年功序列の恩恵を受けることはない。

チェーンストアのトップは部下の数が多い。スタッフは全員が、そしてラインスタッフもそのマネジャーやスペシャリストのすべてが、さらに残る3職能のマネジャーもトップの直属の部下である。したがってトップは数多くの命令を同時期に発することができるのである。

最も人数の多い2職能の区別が曖昧

チェーンストア経営の組織の特徴は、〝職能〟を重視することにある。

最も人数の多い職能がクリエイティブラインとオペレーションラインである。現状はこの2つの職能の区別が曖昧だ。そのためにそれぞれの努力が重複して無駄になることが多い一方で、本来誰かが担当しなければならない職務が空白になる。

チェーンストア経営の職能が機能することで組織の本来のあり方、つまり人数以上のパワーを発揮する組織の構築が可能になる。

クリエイティブラインは品揃えと商品供給の専門家である。したがって流通業のスタート時になければならない職能である。元祖チェーンストアのアメリカのSMチェーン、A&Pは1856年、紅茶のパーティカル・マーチャンダイジングから始まった。売れ筋商品が増えて店が必要になり多店化が求められ、オペレーションラインという新たな職能が機能し始めたのである。

チェーンストアはまず店をつくってからそこに並べる商品を仕入れたのではない。1品目のプライベートブランド商品の開発から始まったのだ。それが売れ筋になり、さらに売れ筋が増えて消費者の人気を博し、多店化の必要性が出てきた。そこで店を効率よく運営するマス・ストアズ・オペレーション・システムとその組織が開発されたのである。

クリエイティブラインは職位名で言えば主にバイヤーとマーチャンダイザーである。バイヤーは販売計画とそれに合わせた商品の集荷、そして提供方法の開発もする。マーチャンダイザーは商品開発（ストアブランドとPB）の担当者だから品質の決定にも関わる。したがって技術レベルは後者のほうが高く、バイヤー経験なくしてマーチャンダイザーにはなれない。

一方のオペレーションラインは、店やセンターなど現場の商品管理と作業の専門家である（センターに関してはさまざまな運営管理方式があるので、今回は店に限定して話を進めることにする）。店は利益を出すことが任務である。売上高を増やすのではない。主な職位名はストアマネジャー（店長）、デパートメントマネジャー（部門長）、スーパーインテンデント（複数の店のマネジャー）などである。

クリエイティブラインの任務

クリエイティブラインの責任数値はバイヤーの場合、売場1坪当たりの荒利益高である。割り当てられた面積でより多くの荒利益高を確保することで評価される。したがっていかに売れ筋だけを選んで品揃えするか、死に筋を入れないか、低価格ながら荒利益率の高い商品を調達できるかが数値責任を果たす決め手となる。

支店経営なら売上高で評価される場合が多いから、バイヤーは値段の高いものを扱いたがる。しかし値段の高いものは一時的に売れても、その後は売れなくなるからまた別の高価格帯品目をベンダーの勧めに従って仕入れ、どんどん高価格帯の死に筋が増えてゆき、次第に客数が減ってくる。バイヤーの評価基準を変えない限り、この悪循環は断ち切れないのである。

荒利益高が増えれば経費は賄いやすくなり、営業利益の確保が確実になるのだ。

マーチャンダイザーの場合、商品開発を担当するため担う責任数値は貢献差益高となる。それは新商品の創出で新しく増えた荒利益高のことである。したがって前期からの継続商品分は計算に入らない。開発商品が軌道に乗れば扱いはバイヤーに移り、また新たに新商品を開発する。

だからマーチャンダイザーには製品製造業の知識が必要である。バイヤーにも必要な知識なのでその段階で蓄えた製品製造業の知識はマーチャンダイザーとして活動する時に役立つのだ。

現状は商品開発先行型の企業は少なく、その少数派が各フォーマットで高い収益性を維持している。したがってマーチャンダイザーを育てなければ競争に勝てないのだ。過渡期として製品製造に詳しい技術者の中途採用が欠かせない。製造段階の手順は何をつくろうとほぼ同じなので、経験した製造業の業種は問わない。

チェーンストアのクリエイティブラインの商品知識とは、ベンダーから提供を受けたつくる側の言い分でお客を説得するためのものではない。お客にとって本当に必要なもの、有利なもの、暮らしがそれによって向上するものを仕入れる、またはつくるための商品知識である。

先に述べたとおり、チェーンストアが1品目の商品開発から始まったのはそれが消費者にとって有利だったからにほかならない。日本でも同様に、消費者の立場で彼らが経験したことのない便利さや楽しさを提供するのがクリエイティブラインの任務である。

この本来の目的を果たすためには現状のクリエイティブラインの人数が少なすぎる場合が多い。バイヤーなら1人売場10坪ほどがあるべきかたちだが、日本の企業は1人で売場50～100坪も担当するケースが多いのだ。だからベンダーが売りたいものを仕入れることになる。それがお客のニーズと同じならよいが、違う場合が多いから死に筋が増えるのだ。チェーンストア経営ではクリエイティブラインの人数は増やさねばならないのである。

図表29 2つのライン職能の比較

<table>
<tr><th>職能</th><th colspan="2">クリエイティブライン
（昔からあった職能）</th><th>オペレーションライン
（新たに開発された職能）</th></tr>
<tr><td>(イ)特徴</td><td colspan="2">かせぎや
品揃えと商品供給の専門家</td><td>もうけや
現場の商品管理と作業命令の専門家</td></tr>
<tr><td>(ロ)主な職位名</td><td colspan="2">マーチャンダイザー、
バイヤー</td><td>ストアマネジャー、
デパートメントマネジャー、
スーパーインテンデント</td></tr>
<tr><td>(ハ)主なスペシャリストの種類</td><td colspan="2">タレント・スペシャリスト（部下なし）</td><td>マネジャー・スペシャリスト（部下あり）</td></tr>
<tr><td rowspan="4">(ニ)最重要な数値責任の種類</td><td>マーチャンダイザー</td><td>貢献差益高
または
品目別販売数量</td><td rowspan="4">坪当たり営業利益高</td></tr>
<tr><td>バイヤー　小売　ステープル</td><td>坪当たり
荒利益高</td></tr>
<tr><td>バイヤー　小売　シーゾナル</td><td>品目別
販売数量</td></tr>
<tr><td>バイヤー　サービス業</td><td>1メニュー当たり
荒利益高</td></tr>
<tr><td>(ホ)課題</td><td colspan="2">①商品構成の決定
②品目（品質と売価）の決定
③在庫高の上限と下限枠厳守
④総人時数の削減</td><td>①作業計画
②売場構成の決定
③欠品緊急事故報告と品質下限枠を守り抜く
④総人時数の削減</td></tr>
<tr><td>(ヘ)技術</td><td colspan="2">商品開発
①マーチャンダイザーは商品開発
②バイヤーは集荷と販売計画
（小売業では提供方法の開発も）</td><td>①稼働計画と作業割り当て
②部下へ現場作業教育
③お客が求めているモノ、現場の問題点の発見と本部への報告</td></tr>
<tr><td>(ト)分担方法</td><td colspan="2">1人あたりの担当分担は小区分
（小売業なら売場10坪未満、
フードサービス業なら食材1品種）</td><td>マネジャー1人が
10〜20人のワーカー1人ごとに
作業命令を出す
（包括委任と集団への命令はしない）</td></tr>
</table>

オペレーションラインの任務

日本にも大手流通業が多数存在するが、オペレーションラインがチェーンストア経営方式を採用している企業はわずか数社しかない。ほとんどが支店経営方式である。

チェーンストア経営システムでは、オペレーションラインのマネジャーは売上高ではなく、坪当たり営業利益高で評価されることは前述した。クリエイティブラインが生み出した荒利益高から支出する経費額を少なくすれば営業利益を高く確保できるのだ。

それを実現するための課題は綿密な作業計画の策定により、オペレーションにかかる総人時数を削減することである。チェーンストア経営システムでは店で実行する業務、作業は本部で決定するため、店長はじめ現場のマネジャーはそのキマリどおり部下を使って完全実行することが任務である。同時に経費の最小化に努める。

現状の売上高は世界の先進国と比べて高い。しかし収益性は低い。それは人件費のかけ過ぎが原因なのだ。だから店で行う業務、作業を徹底して減らし、店のオペレーションを少ない人数で完全実行できるようにしなければならない。そうすることで店数はまだ増やせるのである。

クリエイティブラインとオペレーションライン、この2大職能の改革が未来を決定づけるのだ。

本部の機能

本部と現場の役割分担については第2章で述べたが、ここではチェーンストアの本部機能を別表に従って説明する。

Ⓐ第一任務は全職能に対して共通に❶長期・中期・短期経営計画により目標と軌道を明示することである。その方針に基づいて❷あらゆる対策が決定される。

その対策は現場の意見を聞くことではなく、独自の実地調査に基づいて、数値を根拠に問題点を拾い出し、解決策を導き出すのだ。そのためにはチェーンストアの理論教育はもとより、現場経験も必要になる。したがって対策を決めるのは40歳代のスペシャリストである。

支店経営方式の場合、この決定を店ごとに店長が行うわけだが、調査、観察、分析、判断、実験に時間と人手がかけられるはずがないから、その場限りの応急処置で終わるのだ。それでは経験法則が生かせない。

❷で確定した対策を全店に普及させる方法が❸のインフォメーション・システムである。支店経営方式の場合、本部の各部署が店に手数のかかる要望を頻繁に出す。だが、その内容は本部の〝思い付き〟で、優先順位もない。だから忙しい店長は無視せざるを得ないのだ。

店側にとって有利な情報なら、催促してでも入手する。だが、そうでないことのほうが圧倒的

図表29 チェーンストアの本部の機能

Ⓐ第一任務（全職能）	❶目標と軌道（長期・中期・短期経営計画）の明示
	❷対策の決定
	❸インフォメーションとコミュニケーションのシステムづくり
	❹教育手段の決定と推進と組織計画（採用・人事）策定と実施
	❺計数・帳票制度づくり
Ⓑ第二任務（スタッフ）	❻資金の調達と運用
	❼投資と回収
	❽法務と税務と寄附行為の実施
	❾PRと社外交渉
	❿監査
Ⓒ第三任務	⓫業務・作業システム（物流を含む）と手続きの設計と改善と普及
	⓬規定（規則・マニュアル・書式）の作成と修正
	⓭労働条件と労務管理ルールの決定・徹底と労組対策
Ⓓ第四任務	⓮商品政策と技術的方法の決定
	⓯商品構成と売価決定
	⓰仕入れの実施
	⓱商品開発
	⓲広告と販促手段の作成
	⓳店舗構成とレイアウトの決定
	⓴店舗とSCの開発（設計・施工監督）と維持方法の決定と実行

に多いから問題である。

店から本部へ、本部から店へ、どちらの情報の流れも重要だ。ただし、すべての伝達事項は確実に実行されるものだけにしなければならない。インターネット通信が発達した今日、内容の制限が必要だ。とくに本部から店への通達は、数が多いので影響力が大きい。

店舗運営部で関所をもうけ、内容を審査してその内容と通達頻度を減らすべきである。

次にこれらの仕組みづくりを担う人材育成は本部の重要な任務である。❹は組織計画に基づいた教育プログラムを策定し推進させることだが、最初はどこも人材不足なので優先順位ごとに理論教育と配転による経験教育を与えて、育てていく。

人材不足と思ってもキマリをつくって教えればできるのだ。しかしキマリをつくれる人材が育たないのは教育システムに欠陥があると考えるべきである。

❺計数・帳票制度づくりはコンピューターの技術革新で便利になったように見えるが、実際には表の加工作業人時が膨大にかかっている。数表は改善・改革の道具として用いるものだから、使いやすくなければ意味がないのだ。作表することで問題点が一目でわかるような表設計を開発することが重要である。

本部の全職能がこの第一任務の5項目の仕組みをつくれば、その決定を実行する店を増やしやすくなる。店が増えれば増えるほど、時間をかけて決定した内容が生きるのだ。

Ⓑの第二任務はスタッフの仕事である。チェーンストア経営の組織上の「スタッフ」とは、トップの方針・政策を起案する職能に属するベテラン社員である。

チェーンストアのスタッフは❻～❿を複数人で分担して専任者が取り組む。いずれも10年後の自社のあり方を想定して対策をワークデザインするため、論理と経験法則を誰よりも熟知し、トレンドにも明るくなければならない。したがって50歳代のとくに優秀な人材がスタッフに任命されることになる。

業務・作業システム改革が急務

Ⓒ第三任務⑪の業務・作業システム改革は多くの企業で切羽詰まった問題である。日本の流通業はあらゆる点で転換期を迎えているのだが、その最大のテーマが業務・作業システム改革である。収益に直接影響を与えるからである。

これまで小売業は、店数を増やすことで売上高規模を倍々に増やしてきた。だがオーバーストア時代を迎えた今日、楽に店数を増やすことは難しくなったのだ。そこで1店ごとの効率を高めなければならないが、それは売上高のことではない。売上高はすでに高いのだ。それなのに営業利益が捻出できないのは店舗段階の業務・作業が旧態依然とした人海戦術を基本としているからである。この体制を転換しない限り、収益性の向上はない。

この大改革は店長主体ではできない。店舗運営部だけでなく、商品部と物流部門も含めた本部担当者がプロジェクトチームをつくって改革の専任とするべきだ。

作業効率を考えれば現在、店で行っている作業や業務を本部やセンターに吸い上げるだけでなく、設備や機械やITシステムの開発もいるはずだ。それができる人材の登用が必要だが、社内で育成できないなら外部から技術者をスカウトするべきである。

その上で⑫規定（規則・マニュアル・書式）を作成し直すのだが、これまでのものは解釈が多様なので使えない。新たなものは誰が見ても同じ行動ができて、同じ結果が生まれるものでなければならない。そのためには調査と実験の繰り返しが必要となる。

⓭労働条件と労務管理ルールの決定と徹底は当然本部の職務として定着しているはずだ。だが業務・作業システム改革と連動して現状に合ったものに改定する必要がある。

Ⓓ第四任務は商品に関する決定事項である。チェーンストアは店で売る努力をしなくても、自然に売れていく商品を本部で調達し、お客にその商品のよさを知らせる仕組みをつくるのである。

⓮〜⓱は商品部の任務である。

⓲〜⓴は商品部からも店舗運営部からも影響を受けない、独立した部署が管轄する。ラインスタッフである。会社全体の利益を優先して決定することが求められるからである。

現状ではチェーンストアとして規模の利益を享受する方法が取られていないことが問題である。単独店と同じような手法では差別化ができない。大手なら大手らしい方法を取るべきなのだ。

⓴は店舗開発部の問題だが、オーバーストアの状況下で出店しにくくなった以上、これまでと同じやり方は通用しない。新規出店によって店舗を新たに追加するだけでなく、赤字店舗をスクラップして、ショッピングセンターに移転するといった、スクラップ&ビルド対策が必要である。さらに既存店の標準化を目的とした大改造が不可欠である。

今や本部機能の充実は、かつてないほど重要なテーマになったのである。

教育システム

教育の本質と誤解

チェーンストア経営は未知への挑戦である。日本ではまだ誰も完成させていない新たなシステム構築を成し遂げねばならない。そのためには有能な人材が数多く必要である。しかしそれは従来型の人材とはまったく異なる能力を備えたスペシャリストでなければならない。採用時の社員の素質はさまざまでも将来役に立つ人材を育てるのは企業である。そのためにはチェーンストア理論に基づいた教育プログラムを編成し、時間をかけて育成に取り組まねばならない。

商業における従来型教育は「店員教育」である。店で行われる業務・作業を1つでも多く習得させ、万能選手をつくることが目的である。そのすべてを習得すれば店長になれる。

しかし店員教育は店ごとにバラバラに行われ、教える側の技術レベルもまちまちのため、完全化できないのが現状である。もともと完全の基準がないのだから判断できないのだ。そのために一人ひとりの創意工夫が奨励される。

不完全さを補うためか、店長が従業者を立たせたままメモも取れない状態で朝礼を行い、注意事項と精神論を語る。しかしそれは店長の自己満足で終わることが多く、個人の行動と結果との因果関係が検証されることはない。したがって誰かの工夫によりよい結果が生まれたとしても、ルールまたはマニュアルとして他者または他店に継承されることはない。工夫した本人だって2度目に同じようにできる保証はない。

一方で少数精鋭主義として、一部の高学歴者を本部所属とし、外部の能力向上セミナーを集中的に受講させて、新しいアイデアを求める傾向もある。しかし現場経験のない高学歴者は、実務的な解決策が出せないために自信を喪失し、早期退職に追い込まれることが多い。

「やる気を起こさせる」ためにどうするかを勉強している教育担当者もいるが、何をすることを従業者に期待しているのか不明だ。

チェーンストア経営に必要な人材は現状の店内作業のエキスパートではないし、思い付きのアイデア・マンでもない。まだできていないチェーンストア経営システムを構築するために、分業できる人材が数多く必要なのである。それを必要なだけ育てるのがチェーンストアの教育担当者の任務である。図表30は教育システムの概念を示すものだ。

システム化を担う人材は約20年の長い時間をかけて育成する。40代になったら数値責任を負うスペシャリストとして、チェーンストア経営システム構築の一員になれるよう育てるのだ。特別

図表30 チェーンストアの教育システム概念図

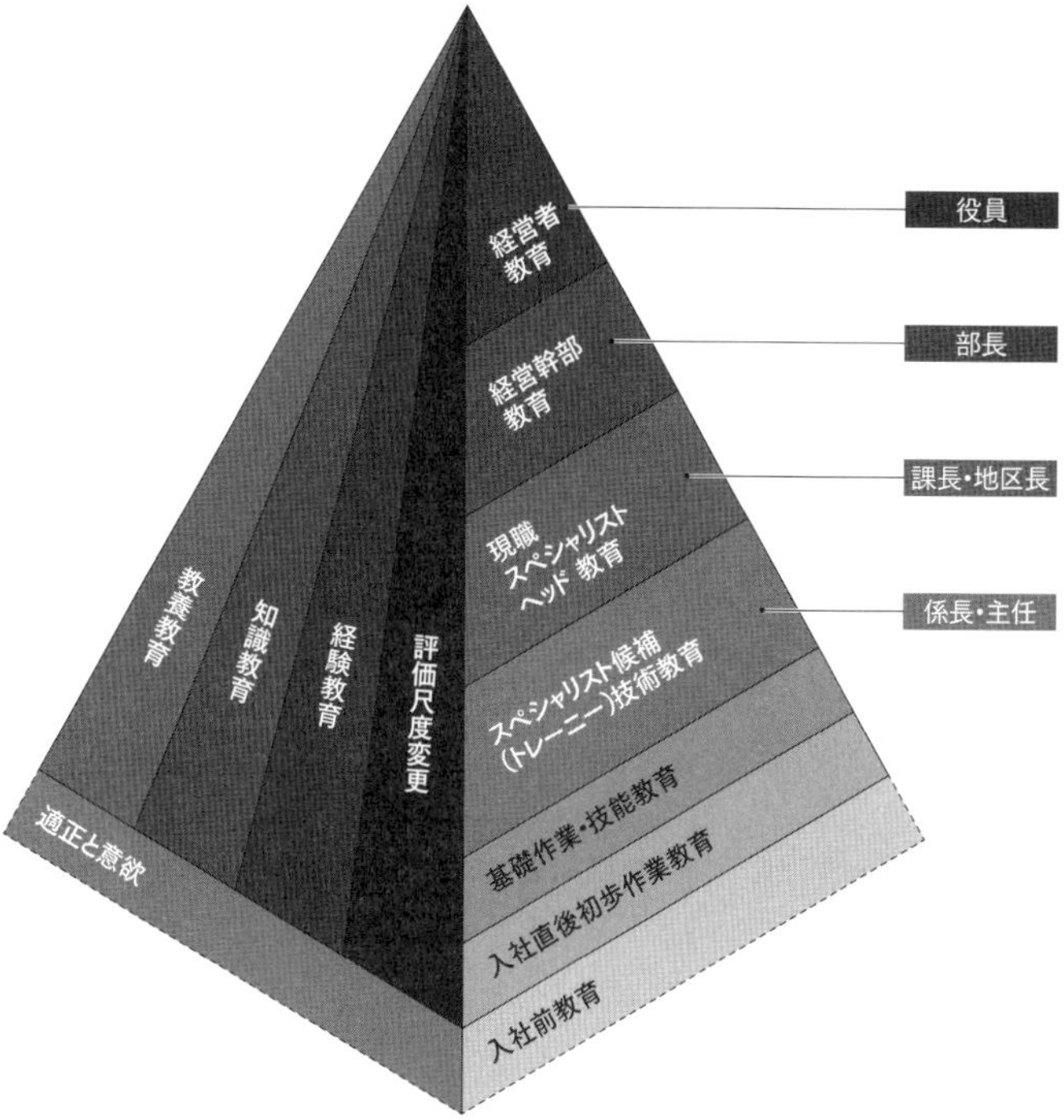

その実際

大分類	若手	課長、地区長、店長	部長、本部長	トップ、スタッフ
しつけ	◎（作業）	◎（システム）	○（任務観念）	○（未来の展望）
技術	○（基本）	◎（体系化）	○（改善・ワクぎめ）	○（変革・方向）
経営課題（情勢把握）	○（時流）	○（今月と1年後）	◎（2〜3年後）	◎（5〜10年後）
推進担当者	Mgr.	エデュケーター		社長または会長またはスタッフ

有能だからと速成してもシステムづくりはできない。その間に必要となる人材は中途採用やスカウトで補うのである。

必要なのは知識教育と経験教育

教育担当者は社員の入社直後からキャリアプログラム（教育単元）に乗せる人材を選抜する。まずはさまざまな角度から本人の素質を見極める。各種適性検査はそのためにあるのだ。素質は知能指数だけではなく、職務の向き不向きを知りたいのだ。ちなみに知能指数が高いと有利ではあるが、能力は素質のほかに教養、知識、経験、意欲など多くの要素で総合的に決まることだから、それだけでは評価できない。

企業側としてはその人の素質に合った使い方をしたい。そのほうが本人にストレスがなく、企業としても効率がよいからである。そのためには変わりようのないその人の素質を調べることが先である。

教育を受ける機会は最初だけ平等に与える。しかしあらゆる機会を利用して幹部候補生の選抜を行う。レベルごとの資格試験も選抜の機会である。素質は優秀でもその後、実務をマスターしたか、理論教育の機会を利用して知識を増やしたか、自己育成により教養を高めたか、あらゆる機会で能力を評価し、選ばれた人だけに教育費を集中的に投入する。教育の機会はこの段階から平等ではなくなるのだ。

教育は知識教育（Off－JT）と経験教育（OJT）の2つに分けられる。演繹法の知識教育は、過去の多くの事例から論理を組み立てて、確立された理論体系を学ぶことである。チェーンストア経営理論はすでにアメリカで確立されているから、それを段階的に学ばせることである。わかっていることは最初から知らせたほうが無駄な行動をしなくて済むのだ。

知識教育は社内外のセミナーに参加させるのが一般的だが、内容が問題である。社内なら狭い範囲に区切って教材をつくり、インストラクターを訓練してから始める。講師に抜擢した人に講義内容を一任すると、かえって悪影響になる場合が多い。とくに取締役にその任を与えると主観的になりやすい。

また社外の小売業向けのセミナーがチェーンストア理論に基づいているかどうかは、教育担当者が最初に受講して判断しなければならない。支店経営方式に基づく内容では経営革新につながらないからである。

一方、帰納法の勉強も重要である。経験させることで知識勉強の裏付けができるし、共通の因果関係を導き出す訓練もできる。もちろん現状を知ることで改革案が出せるようになる。

知識教育だけで現場経験がなければ知識を応用できない。逆に経験教育だけでは狭い範囲の経験しかできないから汎用性が乏しくなる。両方を身につけて初めて能力が高まるのである。

有能と判断された人材ほど現場経験を充実させなければならない。社員のキャリアプログラム上は普通3年単位で現場と本部を行き来させる。現場は店だけでなく、物流センター、商品加工センター、品質管理センターなどが含まれる。スカウト組や中途入社ですでにビジネスの基本と社内で不足する技術を持っているなら、6〜18カ月で高速配転して短期間で多くの現場経験をさせる。それに順応できるかどうかも評価するのだ。

スカウトの失敗例の多くは現場経験なしに本部の該当部署に直接配属することだ。銀行からの転職だからといきなり財務担当にする。不動産の専門家だからと店舗開発に配属するなどである。それでは自社のニーズがわからないから、よりよい仕組みづくりに関与できないのである。

客観的な評価基準が不可欠

Ｏｆｆ－ＪＴもＯＪＴもやらせっぱなしではなく、そのつど評価が欠かせない。それをしないから、上司個人の心情的な評価だけになり、有能な人材を逃がすことになるのである。

小売業では意欲を重視する。それは重要な能力の要素なのだが意欲の意味を取り違えていることが問題だ。幹部になるにはリーダーシップも必要だがこれも違う意味に受け止められている。

意欲は「頑張ります」と大きな声で叫ぶことではない。成功しても失敗してもそのつど原因を突き詰めて因果関係を明確にし、理屈を身につけていく執拗さのことである。とくに失敗したときに諦めず、めげずに新たな方法を学び、できるまでやり続ける執念である。これができれば意欲があると評価する。

またリーダーシップは、声が大きいことや他人の手伝いを率先してすることや仕切り屋のことではない。その人の行動を他人が見て、その人のようになりたいと思い、尊敬され、目標となる人のことである。与えられた職務を完全に果たし、しかも正確で速い人。自分の能力を高めるために自己育成をし続ける人のことである。

求人広告で「意欲のある人歓迎」「リーダーシップのある人を優先採用」などの条件をしばしば目にするが、意欲もリーダーシップもあるかどうか採用時の面接でわかるはずがない。

有望な人材は目立たない場合が多い。だから客観的な評価基準が必要になる。上司に気に入られようと気をきかせ駆けずり回る要領がいいだけの人、またはいわゆる〝プレゼン〟が上手なだけの人を高く評価すると、チェーンストア経営システムがつくれないのである。

キャリアプログラムの組み方の原則は、20歳代で作業をマスターしてなぜそうすることがよいのか、理屈を学ばせることである。不都合なことが多くても現状では最良の方法のはずだからだ。この時に手抜きをするようではよりよい仕組みをつくる段階で役に立たない。キマリを守り、完全作業をする習慣を身につけさせるのだ。

30歳前後で「トレイニー資格試験」を受ける機会を与え、通ったら幹部候補生とする。合格率は7割ほどで、何度でも挑戦できるようにする。合格すれば、その時から教育内容に格差を付けるのだ。そして経験教育として職務以外にさまざまなプロジェクトの調査や実験のタスクフォースとして動員する。課題に挑戦させて、レポートに観察・分析・判断をまとめ、よい結果を導き出す訓練をするのである。もちろん配転先は現場主力になる。

40歳前後で次のステップ「スペシャリスト資格試験」を設定する。ここでの挑戦者は数が絞られることになる。合格率が3割ほどで難易度が高く、しかも挑戦の回数を数回に限定する。準備ができていなければ受験できないようにするのである。

ここで合格したらスペシャリストと認め、職位ごとに異なる数値責任を課する。その後の評価は数値責任を果たしたかどうかで判断するのだ。そこで認められれば50代にスタッフとして企業の未来対策を担当することになるのである。

未来組織図とキャリアプログラムを公表することで社員は自分が将来なりたい職位に必要な知識と経験の内容を知ることができる。目標が決まれば計画的な自己育成ができるのだ。

チェーンストア経営ではキャリアプログラムと評価尺度と報酬制度とマニュアルが連動することが原則である。連動しているから目標が立てやすいし、企業側も従業者も評価が信じられる。

第5章

フォーマット構築と出店

業態とフォーマット

「業態」が優先

チェーンストアは人口の約８割を占める大衆の３６５日のうち、約65日のハレの日を除いた３００日の日常を対象として、商品とサービスを提供するビジネスである。大衆の日常の暮らしに必要な品は食品、衣料、ホーム関連など広い分野にわたるが、何を扱うとお客の人気をまず左右する条件が「業態」の便利さである。

業態とはその時点における商品の主な提供方法の特色のことである。したがってお客の暮らし方の変化で便利な業態は変化するものである。

現在、日本では「セルフサービス販売」は常識化しているが、１９５０年代までは購買頻度の高い食品や生活消耗品までが接客付きの対面販売で提供されていた。順番を待ち、応対する店員にどんなものが欲しいか説明し、該当する商品を出してもらって吟味していたのだ。それでは買物に時間がかかるから、お客にとってもっと便利な売り方としてセルフサービス方式が開発されて普及した。アメリカでは百貨店チェーンもセルフサービス方式を採用していることは第4章で述べたが、それは店員が手を抜くためではなくお客はその方が便利だからである。

また、1950年代まで売価は一定ではなかった。日用品は、米や酒など品種別に各家庭への納入業者が決まっていて、掛け売り販売が主流だった。御用聞き、配達付きの売り方も多かったのだ。そのため年間の利用額または取引継続年数などで単価が操作されていた。それを店売りのみの正札販売に変えたのは、これもお客のニーズによる業態改革である。お客ごとに売価が違うのではお客は店を信用できないからだ。

定価販売からさらなる低価格を訴求した革新的な小売業が1960年代から1970年代に大手に育ち、その後1990年代にオープン価格制を勝ち取った。ようやく小売業がメーカーやサプライヤーから売価決定権を奪還したのである。

今日では特売日だけの低価格ではなく、EDLPへの移行が業態改革のテーマになっている。特定の日しか安くないのでは多数派である仕事を持つ主婦が利用できないからである。これはSMやドラッグストアの先進企業がすでに実現済みである。

店舗が駅前商店街に集中していたころ、人口急増中のサバブに大型総合店をつくったのも業態改革である。モータリゼーションの発達とともに駐車場が隣接していることが便利な店の条件になったからだ。

1970年代には単独出店ではなく店舗が集積した商業施設、ショッピングセンター（SC）が普及し始め、1回の来店で異なる品揃えの多くの店舗に立ち寄れて、買物が完結する便利さを日本の大衆が享受できるようになった。そこで今後はSCのテナント構成が問題になる。お客の買物目的に合った、言い換えると購買頻度が同一の、異なる業種のテナントを集積することで、ショートタイムショッピングを実現させるのだ。

さらにSCのタイプはエンクローズドモールよりオープンエア型が増えることになる。店の規模の大小に関わらず、それぞれの店舗の出入口前に駐車できて目的買いのお客に便利だからだ。アメリカでのSCの箇所数の95％がこのタイプである。

人口の高齢化と女性の社会進出と単身世帯の増加の傾向はますます進行する。そのトレンドに合った業態改革のテーマがショートタイムショッピングなのである。

品揃えの違いが「フォーマット」

一方、それぞれの店舗の品揃えの特徴による分類が「フォーマット」で「業態類型」ともいう。

1950年代までは食品、衣料、ホーム関連と、何でも比較的高級な品だけを扱う百貨店と、特定の品種グループに限定して扱う専門店、そして大衆品は市場で売っていた。あとは訪問販売があったが、小売業フォーマットはそれだけだった。

1960年代には百貨店と商品部門構成は似通っているものの、売れ筋品種の売れ筋品目だけを低価格で大量に扱う「日本型スーパーストア」が新フォーマットとして誕生した。

一般にGMS（ゼネラルマーチャンダイズストア）と呼ばれているイオンやイトーヨーカドーなどの食品と非食品の総合フォーマットは、国際的には日本型スーパーストアと命名されている。GMSは欧米にモデルがあるが、多くは、非食品だけを総合化しているからである。値段の安さと生活消耗品の総合化の有利さ、セルフサービスの簡便さで、このフォーマットは一挙に普及した。

日本型スーパーストアの総合化はたとえば家電全般を扱っていたのではない。その時点で多くの消費者が必要としていたアイロン、扇風機、洗濯機、冷蔵庫、カラーテレビなどの大衆品の中から低価格販売が可能な品目だけを大量に調達して供給したのである。このラインロビング（売れ筋商品ラインだけを総合化する）による品揃え手法がフォーマット発展の源泉であった。

チェーン化をめざした最初のフォーマットだけに店数が急速に増加し、寡占化の進行も早かった。そのため早くも2000年代には倒産と合併が進み、現在では大手数社に絞られたが、企業規模は最大級のフォーマットである。

食品専門のセルフサービス販売フォーマット「スーパーマーケット＝SM」も同時期に300坪以上型で出現した。1980年代には500坪超えと小型ショッピングセンターへの出店を果たすが、来客頻度の高いフォーマットだけに寡占化はようやく始まったばかりである。

その後、1970年代には「ホームセンター」が出現し、衣料を除いた非食品の大衆品、実用品を核としてさらなる低価格化を追求して消費者の人気を獲得した。

実のところこのフォーマットは、DIY（do it yourself）店として一般消費者向けに家の補修や建築のための資材と道具を提供する店として始まったのだが、DIYという新たなTPOS（time、place、occasion、lifestyle）を普及させる努力が企業側に足りず、フォーマットの人気は高まらなかった。苦肉の策として本来扱うつもりのなかった一般家庭用品を扱うことで急場をしのいだのがそれが本業となってしまった。

ホームセンターは現在でもDIYと一般家庭用品という、お客の買物のTPOSから見れば何の関連もない商品構成を維持している。しかし必要商圏人口の異なる2つのグループの同居が、お客の買物の便利さを阻害することは明白である。一部の大手ホームセンターは商品構成を見なおし、新たなフォーマットの実験に着手している。

1980年代からは「ドラッグストア」と一般家庭用品分野で総合化した大型専門店「スペシャルティ・スーパーストア」、そして「100円均一ショップ」「コンビニエンスストア」などがチェーン化し、客層が広く購買頻度の高い大衆品・実用品ほど多くのフォーマットが扱うようになった。そのため既存フォーマットが後発フォーマットに商品部門単位で侵略され、既存フォーマットはフォーマットの再構築を迫られることになる。

日本はチェーンストアのフォーマットの種類が少なくアメリカは多い。チェーンストア経営システムを完成させたアメリカの企業が、消費者の暮らし方の変化やフォーマット間競争により、形を変え、または新たなフォーマットを開発したからである。チェーンストア経営の手法はどのフォーマットでも同じだから、システムを完成させればフォーマットの乗り換えや新設は楽にできるのである。

フォーマットの本質

日本では品揃えのモデルはワンストップショッピングである。衣食住すべての分野で値段は安いものから高いものまで、品質のレベルからブランド、スタイル、色、味までこの世に存在するすべての商品が広い売場に並び、お客は多くの選択肢から選べることがよしとされている。

しかし、それを企業側が文字どおり実行しようとすると、売場は2万坪ほど必要になる。そこには毎日必ず使う消耗品と一生に1回しか検討の機会がない低購買頻度品が混在するだろう。その中からお客が求める適切な品を探し出すのは容易ではない。それ以前に目的の売場に到達するだけで時間がかかるし、体力と忍耐を必要とする。

大型店で低購買頻度品まで扱えば必要商圏人口は多くなり、50万人を超えるだろう。だから店数は増やせない。したがってお客がその店を利用したくても店は家の近くにないからアクセスに時間がかかり、来店頻度は下るのだ。

お客は目的によって買物先をその都度選ぶ。たとえば電球が切れたのに買い置きがなければ、すぐに必要だから近所のコンビニエンスストアか、100円ショップで買う。これらのフォーマットは小商圏で成立するから店は必ず家の近くにあるし、小型店だから入店から退店まで5分とかからない。コンビニは食品の構成比のほうが高いが、高購買頻度の非食品も用途ごとに1品目は持っているからとにかく用は足りる。100円ショップも間に合わせには最適だ。

しかし予備の買い置き電球を複数買うなら値段が安く、その分野での選択肢が豊富なホームセンターか家電専門店に行くだろう。もちろんその時は電球だけでなく、ほかの品も目的買いをする。それらはお客の家から自動車移動で20分圏内にある。

お客の買物目的によって適切な品揃えは変わるのだ。だから、いろいろな品目があることがよいのではない。そこにフォーマットの存在意義があるのだ。

消費者のニーズに合わせて商品部門構成を決め、主力部門と補助部門を決め、店内のすべての商品の売価と品質のレベルを合わせながら品揃えを決めた結果がフォーマットなのである。品揃えの方針が明確になれば消費者が店を利用する目的も明確になる。それが便利で楽しいものならば、来店頻度が高まり、店数は増やせるのである。

ところが日本のチェーン化フォーマットは種類が少なすぎる。また、賞味期限切れのフォーマットが放置され、客数減少に歯止めがかからない。

売上高ランキング30位までに日本には大型家電専門店が5社もランクインするがアメリカには1社しかない。それは各種総合フォーマットがとくに小型家電を上手に品揃えに組み込んでいるからである。専門フォーマットも同様に、ねらった用途に関係する家電だけを品揃えに加える。

どの部分を総合化し、どの部分を専門化するか、それがフォーマット成功のきっかけである。

フォーマットの条件

フォーマットの構成要素は図表31の「フォーマットの条件」のとおり、まず用途である。食品ならその場で食べるものを提供するのがフードサービス業であり、持ち帰ってすぐ食べるものはコンビニエンスストアや弁当専門店が提供する。もちろんフードサービス業でもテイクアウトできるし、イートインを併設するコンビニもあるが、主力は前者である。いずれの場合もお客はすぐに食べるつもりで商品を購入する。

一方、調理を自分でするならＳＭで買物をする。食材を豊富に品揃えしているからである。と

図表31 フォーマットの条件

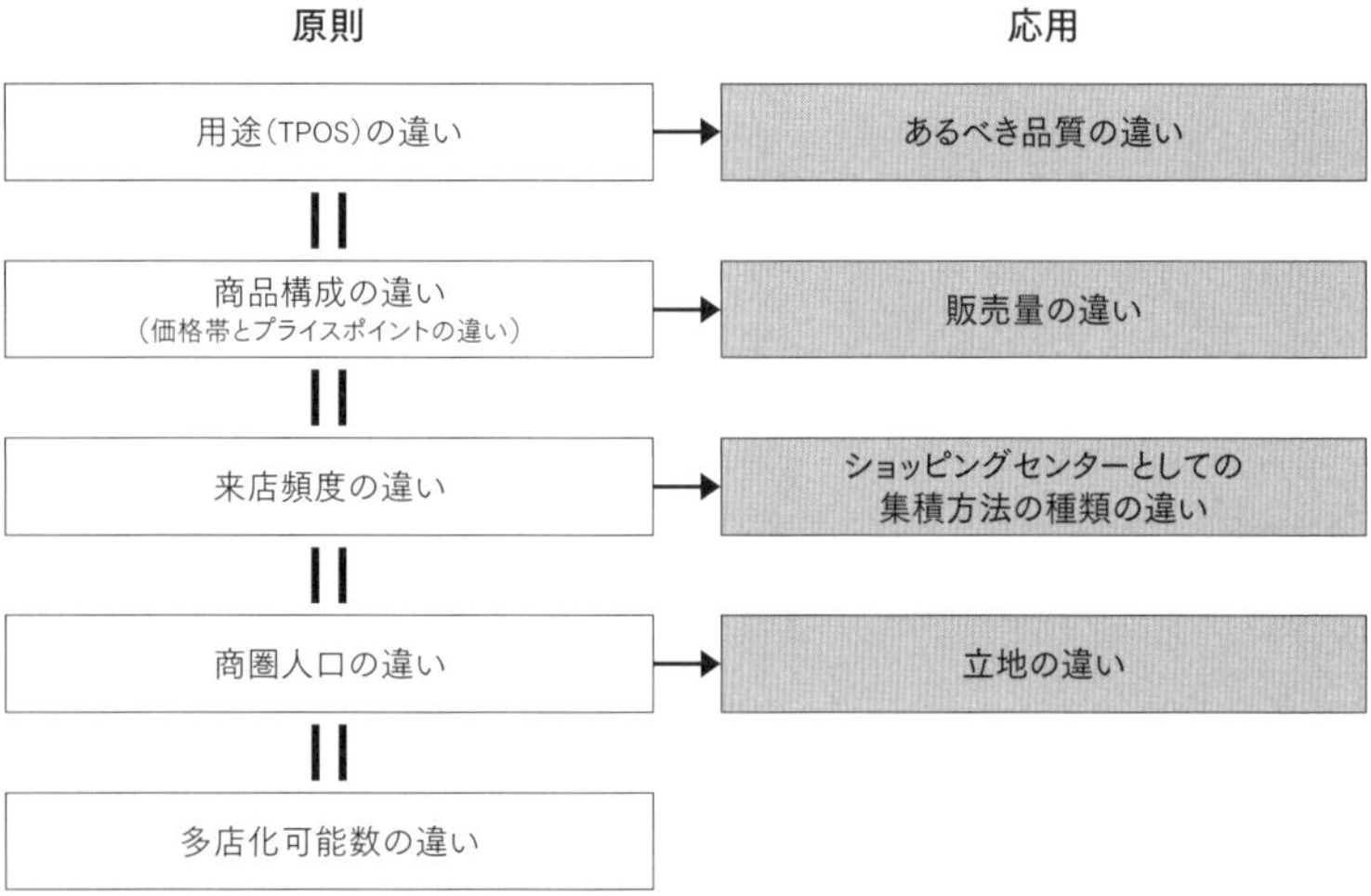

くに生鮮食品の豊富な品揃えはＳＭの特徴である。コンビニや小型ＳＭ、そして最近ではドラッグストアさえも食材を扱うが、生鮮食品は種類が少ないから数多く買うにはＳＭを選ぶはずである。

ＳＭでは調理済みの総菜も売っているが、それらは補助メニューの場合が多い。おかずを1品目追加するなどである。したがってコンビニの品揃えとは重ならない。お客の購入目的が違うからである。そして品質はお客の使用目的の違いで変わるのだ。

消費者のどの用途をねらうのかで、商品構成が決まってくる。まずは8割の日本人の日常に該当する、ふだん頻繁に発生する用途をねらうべきである。

商品構成は扱い品種、品目よりも価格帯とプライスポイントの決定が優先である。それでチェーン化の可能性が大きく変わってくるからである。低い価格帯に限定すれば販売量が多くなり、お客の来店頻度も高まる。つまり客数が多くなるのだ。その結果、小商圏で成立することになるから多店化が可能である。

ところがそれとは逆に高価格帯、高品質をねらうと、それを必要とする客層は狭く限定され、用途も特別な機会用だから販売量は少なく、したがって来店頻度は低いのだ。その結果必要商圏人口は多く必要とするから数店しか出店できないことになる。

フォーマット構成には「ラインロビング」手法が不可欠である。欧米の成功フォーマットはすべてがラインロビングした品揃えを特徴としているのである。もちろんウォルマートのディスカウントストアもスーパーセンターもそうだ。その意味はこの後の項で詳しく説明するが、一言で言うと、各商品部門から〝いちばんおいしいところ〟だけを抜き出して組み合わせて総合化したフォーマットである。

先に日本型スーパーストアの家電の例を挙げたが、ラインロビング手法により人気の高い品種の低価格帯だけを総合化したフォーマットは競争に強いのだ。

これとは逆に、高頻度のふだん用も、低頻度の特別な機会用も、客数の多い低価格品も、客数の少ない高価格品も、人気の高い上級者だけが好むトレンドもすべて扱おうとすればフォーマットの性格は曖昧になり、消費者の来店動機が定まらなくなるだけである。

もう1つの人気フォーマット確立の重要な要素は「商品レベル」の統一である。店内の全売場が同じ商品政策で統一されていることだ。そうなれば各商品部門への立ち寄り率は自然に高まるはずだが今はそうなっていない。お客は一部の売場にしか立ち寄らずに帰ってしまうのが現状である。だから競争に負ける。

消費者のニーズに合ったフォーマットの確立が急がれる。そのモデルはアメリカにあるのだから学び直すことが先である。

フォーマットの栄枯盛衰

実はフォーマットには寿命がある。米ハーバード大学の教授だったマクネア（M.P. McNair）が提唱した「小売の輪理論」通り、新フォーマットは低価格で消費者の人気を獲得し、既存フォーマットを侵略して拡大する。

ところが、成熟するとともに模倣企業が出現し、競争が発生する。そこで価格の優位性が失われ、品揃えやサービスに付加価値を付け始める。その結果、コストが上昇して安売りできなくなる。その時点で下をくぐる売価の新興フォーマットが出現し、消費者の人気を横取りし、既存フォーマットが衰退するというものだ。そのサイクルは30年とされていた。

日本型スーパーストアはフォーマットの開発から僅か10年で既存フォーマットの百貨店の規模を追い抜いた。ダイエーが三越の年商を超えて小売業第1位に躍り出たのは1972年のことであった。ところがそのダイエーは現在イオンの傘下に入っている。

マクネア教授が1958年に提唱した仮説「小売の輪理論」の内容は、

①時流に乗って拡大したフォーマットも、必ず寿命が尽き、新型にとって代わられる。

②新フォーマットは、より低価格帯の開拓者（カテゴリーキラー）だ。

③その入れ替わるサイクルは、どんどん短縮する。

というものだ。

アメリカでは1990年まで世界ナンバーワン小売企業だったシアーズが、1位の座をウォルマートに明け渡してからランクを下げ続け、2018年についに連邦破産法適用に至ったことは既に述べた。仮説だった小売の輪理論を今では多くの事例が証明したのである。

日本でもこの仮説を証明する事例は数多い。1997年に日本型スーパーストアのヤオハンが倒産、1999年にはかつて白木屋だった東急百貨店日本橋店が閉店、2001年に日本型スーパーストアのマイカルと寿屋が倒産し、マイカルはイオンの傘下に入った。そして翌年にはダイエーが行き詰まることになる。すべて前述した凋落経過をたどったのである。

そうならないための経営戦略は、時流にそった有利な乗り物、つまり新たなフォーマットに乗り換え続けることである。それは個人の独創的なアイデアやひらめきでできた乗り物ではありえない。必ず先進事例と技術を再構築して生み出されたものであり、その乗り換えにはそのつど新しい運転技術の習得が必要だ。

ウォルマートはバラエティストアからディスカウントストアに転換して拡大した。いずれも非食品フォーマットである。その後メンバーシップホールセールクラブを並行してチェーン化し、食品の扱いに慣れたところでディスカウントストアにスーパーマーケットを追加した形のスーパーセンターのチェーン化に乗り出した。今日ではそれらのフォーマットが飽和に近いため、より小商圏で成立するスーパーマーケットのチェーン化に着手している。すべて他社の成功例から学んで乗り換えたフォーマットである。もちろんＥＣ販売も強化中で成果を得ている。

フォーマットの解体と再編

したがってフォーマットそのものを解体し、再編成しなければならない。

再編の目標は、①赤字部門の黒字化、②年・坪当たり営業利益高全部門２ケタへ、③商圏の拡張ではなく来客頻度の増加による客数の増加（これによって必要商圏人口は縮小する）、④標準化の進行、⑤生活提案のための新品種の開発・育成である。それで投資効率の最大化とローコストオペレーションが可能になる。

この改革を進めるには、あらゆる数表を道具として用いる。とくに部門別の収益を表す部門別管理表は正確でなければならない。歴史の古いフォーマットほど赤字部門が多いので、どれが足を引っ張っているのか知るためには既存の商品部門を10～30坪に分割して作表しなおす。そこでは人件費の正確な配分が決め手となるのだ。売上高や荒利益高が高くても人件費の使いすぎによる赤字部門が多いからである。

それを前提にユニットコントロールするのだが、部門の存廃から問題にする。新興フォーマットに侵略されたため、廃止する部門もあるはずだ。逆に強化する部門も決める。

次が品種の検討だが、とくに時間をかけて検討すべきなのは「価格帯」である。また、ステープルとして扱うのをやめて2～6週の臨時の品揃えであるシーゾナルに変更する品種もあるはずだ。購買頻度と価格帯について一定の法則を貫くことで全部門の商品レベルの統一が可能である。

分類の変更も同時に行う。現状はメーカー・問屋別分類になっていることが多いのだが、それはお客の使い勝手とは関係がないから修正しなければならない。その後、売場面積の再配分を行う。品揃えと作業システム上で必要な売場面積を確定するのである。

棚割りと商品管理業務の標準化推進のためには陳列器具の標準化が不可欠である。新店をつくるごとに業者からの提案や担当者の好みで新たな陳列器具を導入してきた結果、それらの標準化が難しくなっているからである。

現状では、日本型スーパーストアの非食品売場は縮小が余儀なくされるはずである。その場合、ベンダーや小売業他社への売場貸しが考えられる。直営で赤字になるなら黒字化できる他社にアウトソーシングする方がお客にとっても自社にとっても有利である。

ホームセンターはＤＩＹ専門店を目指すのかディスカウントストア（ＤＳ）を目指すのか決めなければならない。２足のわらじを履いたままでは疾走できず競争に負けることになる。ＳＭは７００坪のＳＳＭ（ＳＭのスーパーストア）を全部門黒字化できること、ドラッグストアは食品に頼らず非食品主力で２００～３００坪を埋められることが目標である。

お客のＴＰＯＳに合わせた商品構成がフォーマットを決める

フォーマットはお客の買物のＴＰＯＳの違いに合わせて店側が商品構成を決めた結果である。店の人気は個々の商品の安さや品質の適切さだけで決まるのではない。それ以前の商品構成、つまり商品の組み合わせ方で人気は決まるのだ。なぜなら消費者は最も有利な商品を求めて１つずつ、多くの店舗を買いまわるほど暇ではないからだ。できれば１店で買物を済ませたいが、前述したように毎週買うものと、月に1回買うものと、年に1回買うものと、10年に1回買うものが同じ店で売っていたら、売場面積が広すぎて歩けないし、用のないものを避けて通る手数がかかるから時間がかかる。だから目的によって店を使い分けられるようにしたほうが便利なのだ。それがフォーマットである。

消費者の暮らしぶりが変わり、それに伴う買物の仕方が変わった以上、小売の業態もフォーマットもその方向に合わせて変わらねばならない。

既存フォーマットが対象にしていたのはかつて大勢派だった①専業主婦、②30代ファミリー、③若者などである。しかしその人口は減少傾向にある。成人女性の約7割以上は何らかの仕事を持っているから専業主婦の数は少ない。30代なら必ず家族を持っていた時代は終わり、男女ともに単身世帯が増えている。出生率の低下で若者の増加は見込めない一方、45歳以上の熟年世代は人口の半数を超え、ますますその比率は高まっている。

加えてテクノロジーの革新で働き方も多様化している。通勤しなくても働くことはできるし、働く時間帯も選べるのだ。

このような生活環境の変化により、人々の買物のTPOSは変化している。自分に合った買い方、T＝いつ、P＝どこで、O＝何の目的で使うものを、S＝好みのスタイル（環境、味わい、風情など）で選びたいのだが、その選択肢がなくて困っているのだ。

<table>
<tr><th colspan="3">ディナー</th></tr>
<tr><th>金額</th><th colspan="2">外食フォーマット</th></tr>
<tr><td>400〜800</td><td>ファストフード・麺・丼</td><td rowspan="2">カジュアル</td></tr>
<tr><td>1000〜1500</td><td rowspan="5">各価格帯のレストラン</td></tr>
<tr><td>2000〜3000</td><td rowspan="3">ディナー</td></tr>
<tr><td>3000〜5000</td></tr>
<tr><td>5000〜10000</td></tr>
<tr><td>10000〜</td><td>グルメ</td></tr>
</table>

<table>
<tr><th colspan="4">紳士ボトム</th></tr>
<tr><th>金額</th><th colspan="3">フォーマット</th></tr>
<tr><td>800〜1200</td><td rowspan="2">衣料スーパー</td><td rowspan="5">大規模専門店チェーン</td><td rowspan="6">日本型スーパーストア</td></tr>
<tr><td>1200〜2900</td></tr>
<tr><td>2900〜5000</td><td rowspan="3">紳士服チェーン</td></tr>
<tr><td>5000〜8000</td></tr>
<tr><td>8000〜15000</td></tr>
<tr><td>20000〜</td><td>百貨店</td><td>高級専門店</td></tr>
</table>

TPOを設定し直す

各社がフォーマットのモデルを持たず、売れる品種と商品部門を増やした結果が現状のフォーマットである。後発フォーマットが部分を侵略すれば価格競争になり、商品部門ごとに赤字化する。お客にとって魅力のない売場だから見限られたのだ。今こそ消費者の暮らしのニーズを研究し、チェーンストア先進国のフォーマットから学びなおし、今後10年間発展し続けられるフォーマットを再構築しなければならない。

フォーマットには寿命があることは先に述べた。それを決定づけるのがより便利な新興フォーマットの出現と消費者の暮らし方の変化である。前者の変化のサイクルは短く、後者の変化のサイクルは長い。それらを合わせると平均30年といわれていたが、最近はそのスパンが短くなっている。だからこそフォーマットの再編は緊急事案なのである。

図表32 TPOSの区別と価格帯

	TPOSの違い				価格帯	
	T	P	O	S		
イ	いつも ALWAYS	家庭内	実用	節約	ポピュラー	ロワー
ロ	ふだん REGULARLY	近隣まで	向上	気分転換		ミドル
		通勤				アッパー
ハ	時々 SOMETIMES	ふだんの外出	特別・充実	自己主張・おしゃれ	モデレート	ロワー
ニ	たまに OCCASIONALLY	特別な外出				ミドル～アッパー
ホ	年に数回 RARELY	ハレ舞台	フォーマル	贅沢	ベターベスト	

自社がねらうTPOSを設定し直そう。図表32はその考え方を示している。事例にはディナーと紳士ボトムを挙げている。ここに客層が書いていないのはチェーンストアならターゲットは人口の8割を占める大衆と決まっているからである。

まずTの「いつ」を頻度で表している。この部分をあまり細かく設定すると多品目少量扱いになりかねず、フォーマットがわかりにくくなる。

ディナーの場合、ふだんの夕食か、ハレの日のごちそうか、衣料の場合なら普段着か、よそ行き着か、大きく分ければその2種類になる。それをもう少し細かく分けると、イ）いつも、または毎日、ロ）ふだん、ハ）時々、ニ）たまに、ホ）年に数回あるかどうかのハレ舞台に、ということになる。

カスタマーカードを使った「マイクロマーケティング手法」ではお客の居住地の特徴、年齢、職業、来店頻度、何を購入して何を組み合わせて購入するかを詳細に調べて、次に購入する品目を予測し、クーポン券をわたす販促活動をする。しかしフォーマットを決定する段階では部門構成が問題なのだから、あまり細かく設定すると方向を見誤る可能性があるのだ。

次にPの「どこで」を決める。男性の服装は常にボトムの着用を伴うが、家の中で着るものと外出用とでは求める機能が違うはずだ。

戦後のモノ不足の時代には、よそ行きが古くなれば普段着に使っていたが、もともと機能が違うので使い分けられることが望ましい。暮らしの「豊かさ」は用途ごとに使い分けられる適切な売価と品質の商品が提供されることで実現する。

続いてOは「目的」である。使用者が求める機能と言い換えてもよい。毎日のディナーならおいしいことより、まずくなければ十分な栄養の摂取が優先される。野菜からビタミン、ミネラル、繊維質などを、肉や魚からはたんぱく質を、米飯やパンからは炭水化物を、バランスよく摂取することが求められる。平日の帰宅後に着替える紳士ボトムなら、着ていることを感じさせないほど楽な着心地でイージーケアな実用品が望まれる。

最後のSの「スタイル」は、来店客が自分の好みの傾向を選べることが重要だ。減量したい人のディナーならローカロリー食になるだろう。育ち盛りの10代がいる家庭ならボリュームたっぷりなメニューが好まれる。紳士用ボトムなら、洗いざらしの麻風の肌触りや、厚手のスウェット生地などが使用者の好みで求められるだろう。
それらの選択肢を提供するのだ。いずれの場合も毎日使うものは節約できることが共通の条件である。

価格帯の選び方で店数が決まる

フォーマットの決定要素のなかで最大のパワーを発揮するのが「価格帯」である。その選び方でTPOSのTが決定づけられる。価格が低ければ頻繁に使うが、価格が高ければ特別な機会にしか使えないからである。

たとえばウナギのかば焼きはかつて料亭料理だった。「重箱」というウナギ専門の料亭が東京・赤坂に今でもあるが、江戸時代からの老舗だから歌舞伎に出てくるほどである。つまりウナギのかば焼きはかつて料亭に行って食べるほど特別なごちそうだったのだ。庶民が食べられるのは年に1度の土用の丑の日だけだったのである。

ところが1970年代にペガサスクラブのメンバーである日本型スーパーストアと大手SM企業が台湾や韓国から加工済み真空パックのウナギのかば焼きを開発・輸入したため、値段が4分の1ほどに一挙に下がった。そのために今日ではウナギのかば焼きはSMのベーシックアイテムとなり、ごちそうではなく、日常の夕食に供されるようになったのだ。

低価格化の努力を続ければ使用頻度が高まる。そうすれば店数が増やせるのである。フォーマットを決める際、最も客層が広く購買頻度が高い、最低価格帯をねらえば店数を増やせる。4ケタチェーンになれるのだ。一方、下段ほど高価格帯だから頻度が低くなるのでそれをねらうと多店化は困難だ。

表の右欄に現状のフォーマットが価格帯別に表示してあるが、日本型スーパーストアがフォーマットとして凋落傾向にあるのは複数の価格帯をまたいで扱っていることが大きな原因である。あらゆるTPOSを扱おうとしているわけだが、それではどこを取っても中途半端になってしまうのである。

消費者の人気が低下したのは食品売場のせいではない。元々強かった衣料売場で低頻度のよそ行き着と高価格帯商品が増えたからである。住居関連品も同様の道を歩んだことが敗因である。

日本の場合、2つの価格帯をまたいで成功している例もあるにはあるが、アメリカのチェーンストアは単一価格帯に絞る。複数の商品部門を扱いながら有利な価格帯だけに集中して商品レベルを統一している。だからお客に品揃えの特徴が伝わりやすく、競争に強い。したがって4ケタ、5ケタの店舗数を持つ大チェーンになれるのだ。

競争時代に躍進する新フォーマットに転換する

日本の流通業界は1960年代から急速に規模を拡大してきた。しかし60年後の今日、多くの小売業フォーマットは店数が増えすぎてオーバーストアの状態であり、経営効率の平均値が下がり続けている。

平均値が下がったとしても、そのフォーマットのすべての企業の業績が悪化したわけではない。なかには成長速度を維持している優良企業もあるのだが、大半が共通の原因で数値を低下させているから平均値が下がる。競争が始まり、優良企業だけが生き残り、それ以外は淘汰される本格的な寡占化の時代に突入したことになる。

競争相手は同一フォーマットの他社だけではない。同じ商品部門を抱えるほかのフォーマットからの侵略のほうが影響は大きい。フォーマットの特徴を考慮したうえで消費者は、TPOSに合わせて買物する店を選ぶからだ。

かつて店は業種分類で、青果店、鮮魚店、精肉店、乾物店、菓子店、酒販店、雑貨店、金物店など取扱商品の品種の違いで分けられていた。取扱商品の価格帯は広く、高頻度品から低頻度品まで販売していた。

今日ではそれらを総合的に扱うフォーマットが複数存在する。SMの品揃えから用途ごとに売れ筋だけをラインロビングしたコンビニエンスストアはその一例である。ドラッグストアも、SMやコンビニ同様の商品を扱うが、非食品の売場が広く、食品は生鮮食品以外のついで買い商品だけを品揃えする。総合店のほうが消費者にとって買物が便利なため、しだいに業種店はなくなったのだ。

同様に、専門フォーマットも守備範囲の商品に関連したアイテムを総合的に集めてスーパーストア化した。たとえば婦人服店は洋服だけでなく、アクセサリーや下着、靴、バッグなど関連商品を増やして新たなフォーマットを開発した。そのためかつての30坪型の婦人服専門店は見かけなくなった。

現在では、客層が広く購買頻度が高いベーシックアイテムほど多くのフォーマットが揃えているが、その内容はチェーンストア先進国の成功モデルをまねて、それぞれ消費者の買物のTPOSを想定して選んだものである。

ところがそれがオーバーストアになった以上、時流に合わせてフォーマットを転換しなければならない。これまでの店舗と商品とその販売方法とを進化させるのだ。関連する業務や作業も同様である。そうすることでより便利なチェーンストアが生まれることになる。

新フォーマットの条件

新時代のフォーマットは完全標準化が前提である。これまでは不動産ありきで出たとこ勝負の店づくりをしてきたから、立地特性も敷地面積もさまざまで、その都度個別に対応して店舗を設計した。だから店舗レイアウトや後方設計、内外装さえもまちまちである。建物ごとに売場面積が限定されるから、品揃えは縮小したり拡大したり、商品構成と棚割りはオーダーメイドになる。したがって客数も店ごとにまちまち、店内の作業種類と量も違ってくる。だからあらゆる準備を個店対応せざるを得なくなり、本部では無理だから店長権限を拡大し、全店でかかる人件費コストは膨大になる。結果は品揃えもサービスもお客に与える店の印象もまちまちで、チェーンとしての規模の利益を享受できないのである。

もちろん既存フォーマットもこの原因を取り除かねばならないが、乗り換えフォーマットこそ最初からハードもソフトもあらゆる面で最良を極めたプロトタイプをつくり、完全標準化しなければならない。そうすることで疑念なく一挙に店数を増やせるからである。敷地に合わせて店をつくるのではなく、プロトタイプをコピーするのである。

前者ならあらゆることをその都度決定しなければならないが、後者ならすでに決まったとおりにするのだからかかる労力と時間がまったく違ってくる。

とくに重要な標準化のテーマは次のとおりである。

①立地特性は今日、ＳＣへの入居が前提である。しかも施設数が増加する可能性の高いＳＭとドラッグストアが核の小商圏のネバフッド型か、ホームセンターや大型専門店が核の中商圏のコミュニティ型への入居が条件である。いずれもオープンエア型のＳＣだからショートタイムショッピングの時流に適合しているのだ。

②面積は売場の適正規模を突き詰めることが先である。それは品揃えで決まる。そこで敵対するほかのフォーマットの品揃えの精査が欠かせない。差別化しなければならないのだ。欧米にあって日本にまだない強力フォーマットをモデルにするのが確実だ。

それから③店舗レイアウトの決定に続く。物理的条件と商品のパワーでお客をワンウエイコントロールすることが目的である。論理はすでに確立されている。

④業務・作業システムは大幅な変更が必要だ。どの店舗でもマニュアルに基づき、同じ時給レベルの従業者が同じ道具を使って同じ動作で業務・作業をこなすのだ。それで結果が標準化できる。⑤チェーンストアの店舗オペレーションはストアマネジャーが指揮者であり、部下に指示して完全作業をさせる。いちいち考えなくても最良のキマリが決められているから、一定の有資格者に割り当てれば結果は同じになる。

商品部の問題は⑥商品レベル（頻度と価格帯）の統一と棚割りの標準化である。最良の品揃えを全店に普及させるのだ。

その結果、自然に⑦客数と従業者数が標準化する。客数は基準の1・5倍を超えたら近隣に店を増やしてそれらを平均化する。そうすれば⑧経営効率はおのずと標準化する。だから会社全体として計画どおりの効率数値を維持できるのである。

次に、ローコストオペレーションは新時代フォーマットにとって必須条件である。低い損益分岐点で「売れなくても儲かる仕組み」がチェーン化の前提なのだ。

店舗開発担当者は不動産コストを下げねばならない。それが高いといくら商品部と店舗運営部が努力しても報われない。不動産コストは予測売上高から逆算してかけられる額の上限を算出し、それを死守する。例外をつくってはならないのだ。

また、人件費の低減対策は欠かせない。既存フォーマットの多くはその点でまったく前時代的である。社員の業務を時給の低いパートに置き換えるといった姑息な手段では解決できないのだ。作業量の大幅削減という根本対策がないからである。

店舗で行われる業務・作業は単純でなければならない。そうすれば慣れたベテランパートでなくても低い時給の未熟練従業者が楽に完全作業ができるのだ。人を選ばなければ採用は簡単である。店数を一挙に増やすには不可欠な条件である。

これまで述べて来た内容だが新フォーマットにこそ徹底すべき必須条件である。

ラインロビングによる新しい総合化

総合フォーマットの威力

消費者は、自身にとって必要なものが想定どおりの値段で揃い、便利な場所にあればどの店で商品を購入しても構わない。食品だからスーパーマーケット（SM）で買わねばならないという決まりはなく、近所のコンビニエンスストアで間に合うものならそれでよい。ドラッグストアやホームセンターに立ち寄った際、ついでにグロサリーを買うこともあるだろう。フォーマットごとに何を扱わねばならないという決まりはないから、お客にとって利便性と高いバリューの品揃えを提供した企業が人気を集めることになる。

来店客の購買行動に合った商品を組み合わせればその品揃えのよさが来店動機となり、数ある小売業フォーマットの無数にある店舗のなかから自社が買物先として選ばれるはずだ。

さらに商品の組み合わせの便利さがお客に評価されれば、商品部門ごとの立ち寄り率が高まり、買い上げ品目数が増える。同時にお客からは買物目的が完全に果たせる便利な店と高い評価を得ることができるのだ。

その結果、客ごとの来店頻度が高まり、客数は増加する。さらに部門ごとの利用率が高まれば、結果として客単価が上がることになる。

店側から見れば品揃え、つまり取り扱う商品の範囲と価格帯の決定が、客数と客単価を決めることになる。言い換えると商品の総合化の内容が企業の成否を分けるのである。

1960年代、日本型スーパーストアは、百貨店と専門店と市場しかなかった時代に衣食住の暮らし全般にわたる品種を総合化した。食品は、生鮮食品、グロサリー、酒類、日配品のすべてを扱うのではなく、8割の大衆がふだん頻繁に使うものに絞り込み、そのなかの低価格帯の商品だけを総合化した。衣料品も条件は同じで、誰もが必ず使う下着や、靴下、寝間着、普段着などの低価格帯のものに絞り、大人から子供まで家族全員に対応できる商品を総合化した。住居関連品は当時、どの家庭でも欲しかった調理器具、掃除用品、アイロンとアイロン台、扇風機、布団など、業種の垣根を越えて大衆が今、必要とする暮らし用品を総合化した。

日本型スーパーストアは家電売場をつくったのではない。当時の一般家庭が必要とする品種のうち、低価格で売れるものだけを揃えたのだ。だから大手に成長したのである。

前述の通り、この総合化の手法を「ラインロビング」という。

ラインは「商品ライン」、つまりある〝狭い価格帯の商品グループ〟だけに限定して、それだけを全商品部門で統一して扱うことをいう。いちばん人気の高い商品ラインを部門ごとに「ロビング（robbing）＝略取」することができれば、競争力が一挙に高まるのである。

異なる商品部門の総合化は一定の品揃えの原則のもとに統一すれば威力を発揮する。「商品レベル」を統一した総合化だったからこそ、日本型スーパーストアは一世を風靡したのである。

品種を総合化した専門フォーマット

専門フォーマットの多くは１９８０年代に今のかたちになったが、これも商品レベルを統一したラインロビング手法による総合化が功を奏した事例である。

たとえば家具店だったニトリは、家具だけを扱うのではなく家で使うカーテン、カーペット、寝具、収納用品、食器、調理器具、照明器具などのトータルコーディネートを目指して売場面積を増やして多くの品種を加えていった。ホーム関連商品に専門化したなかで、品揃えの範囲を暮らし全般に広げ、低価格帯だけでラインロビングして総合化を果たしたのだ。その結果、来店頻度と買い上げ品目数が増えて３ケタチェーンに成長したのである。テーマを限定した専門化の範囲内で、消費者の需要を原点にして必要な品種を総合化したことが成功の要因である。ほかにもスポーツ用品やおもちゃ、ファミリー衣料、紳士ビジネスウエアの分野などで成功例がある。

今日の日本型スーパーストアは店舗が大型化するに伴い価格帯を広げ、少数のお客しか興味を示さないような特殊な商品まで扱っている。商品部門ごとに品揃えの方針がまちまちになり、商品レベルが不統一になった。品揃えの魅力を喪失したことで人気が低迷し、より便利な後発フォーマットに商品部門単位で侵略されているのである。

革新性を失ったフォーマットは品揃えが画一化される。同じフォーマットの異なる企業同士で品揃えが同質化するのだ。開闢当時は既存勢力の取扱い品種の枠を超えた総合化を敢行したから新興勢力になれたのに、それが固定化した。スーパーストア化が進み部門ごとの面積が拡大したのはよいが、固定化した品揃えの範囲内で価格帯が広がり、重複品目が増える水増し品揃え型になっただけだ。だから来店頻度も買い上げ品目数も増えない。

また後発フォーマットの出現で部門ごとに競争が発生しているのに修正が行われないから、かつての総合化の威力を喪失してしまったのである。

このいびつな現象は日本型スーパーストアに限らない。1970年代に現在の基本形ができたホームセンターも同様の問題を抱えている。もともとＤＩＹ店をめざしていたがその用途の普及に手間取り、消耗品など大量に売れる商品を増やしていったことで一般家庭用品の総合化にたどり着いたが、しかしプロ用品まで扱うＤＩＹ用品とは商品レベルが不統一なため、これ以上の発展は望めないだけでなく、後発フォーマットに侵略する隙を与えているのである。

総合化の内容は進化させねばならない。競合するフォーマットの種類が増え、消費者の買物パターンが変わるから、企業側はより便利な品揃えを開発し続けなければならないのである。

人気の高い商品ラインを強化

競争に勝つには一貫した商品政策が不可欠である。しかしラインロビング手法を用いた総合化に切り替えれば自然に商品レベルは統一されることになる。

たとえば紳士スーツの専門店チェーンが始めた、1万9000円と2万9000円の2つの価格ライン（売価の種類）だけを扱う2プライススーツの専門店は、1つの商品ラインだけを扱う新型であった。1万9000円と2万9000円はお客が価格差を気にせずに選べる範囲内だから同じ商品ラインに属するのだ。商品構成グラフにすると図表33のB型に近い形になる。いろいろある中から最大の人気を誇る商品ラインだけを扱うのである。

一方、従来型の紳士スーツの専門店チェーンは、売価下限の特売品9800円から輸入生地を使ったイージーオーダーの高級品12万円まで、5種類ほどの商品ラインを扱う。グラフを描けば図表33のA型になるのだ。日本の現状は1店舗が複数の商品ラインを扱い、さらにバイヤーごとに選ぶ商品ラインがまちまちだから、店全体としての総合力を発揮できない。

図表33 商品構成比グラフの比較

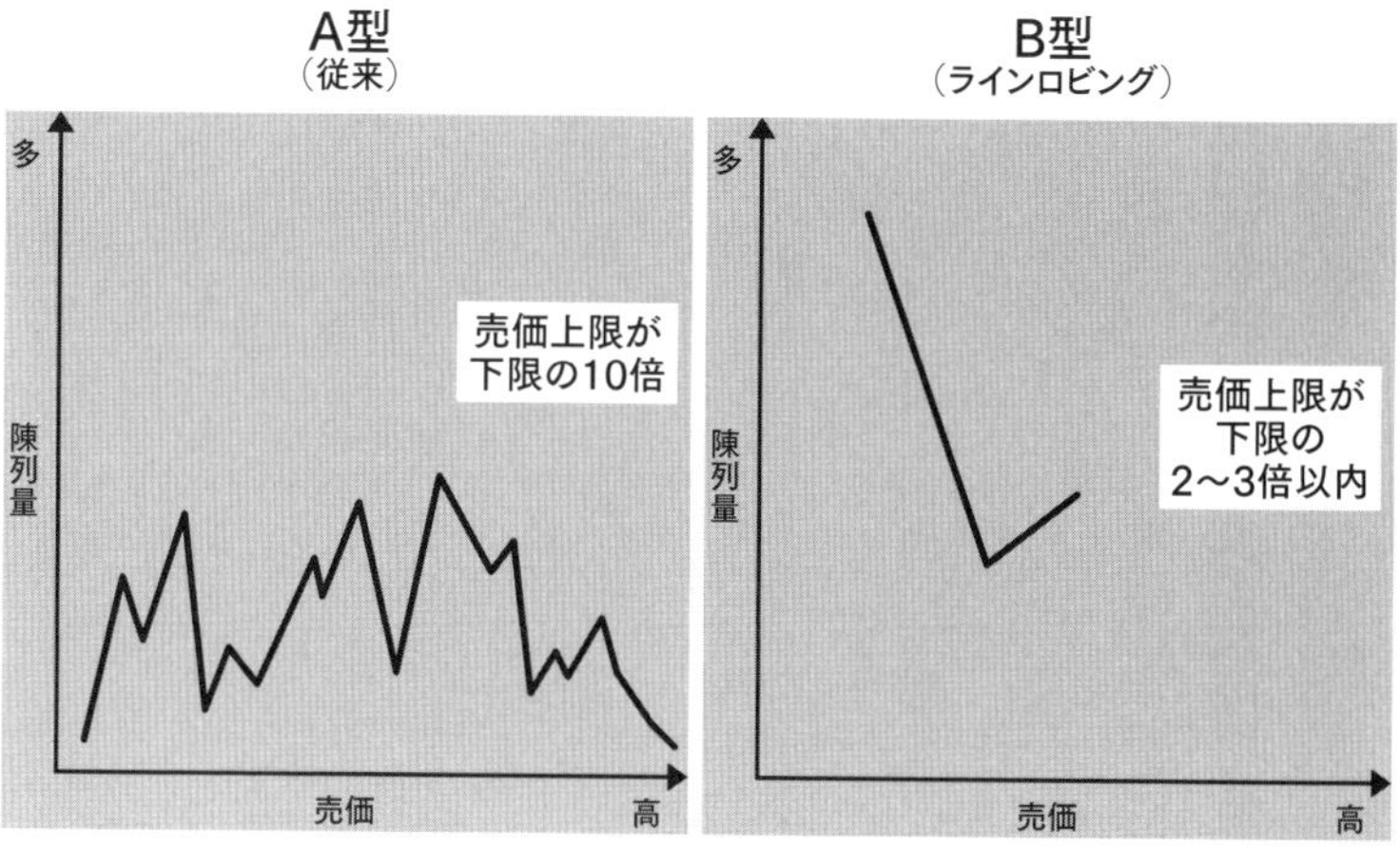

ラインロビング（B型）の特徴

1	売価の下限と上限（価格レンジ）	▶	幅が狭く、左寄り
2	プライスポイント	▶	高い位置にある
3	価格ライン	▶	数が少ない

ラインロビングは、まず商品部門ごと、品種ごとに、客層が広く販売量の多い商品ラインを選び、強化する。言い換えるとそこに「デプス」をつくるのである。「デプス」をつくるとは、品目と陳列量をむやみに増やすことではない。人気の高い商品ラインのうち、とくに販売量の多い価格ライン（売価）に、違いが明確にわかる選択肢を増やすのだ。

さらに陳列量は販売数量に正比例させるから、人気の高い品目の陳列量は多くなる。来店客にとっては価格を気にせずに好みで選べるだけでなく、欲しいものが確実に手に入る品揃えになるのだ。

一方、それに該当しない商品ラインはカットする。それらは扱ってはならないのだ。そうすることで価格レンジ、つまり売価の下限と上限の幅は狭くなる。

たとえばフライパンの場合、日本型スーパーストアの広い売場には形は同じでアルミ、鉄、銅、セラミックなど材質の違うもの、コーティング剤の違うもの、超軽量タイプ、有名ブランドの高級品、さらにストアブランド商品がある。ストアブランドの中にも品質重視のクオリティブランドと低価格のプライスブランドがあり、とにかく数が多いのだ。商品構成グラフを書くと図表33のA型になる。

そこで先の条件にしたがって商品ラインを選べば、高額品は除外されるから品目は半減する。それからお客が使う立場から見て重複品を削ればさらに半分になる。そのほうがお客は商品が選びやすくなるのだ。幅広い商品を揃えてもお客が購入するフライパンは1つである。余分な売場面積は同時に使う異なる品種を加えることで、買い上げ品目数を増やしたい。

おいしいところだけを取って組み合わせる

商品部門ごと、品種ごとに人気の商品ラインに限定する作業はいいとこ取りである。言い換えると「いちばんおいしいところだけを取って組み合わせる」――それがラインロビングの神髄である。

しかし現状は死に筋の商品ラインを大量に抱えている。おいしいところもあるが、まずいところのほうが多いのだ。だからまずいところを切り捨てて、おいしいところだけを取って集める作業がいる。そうすると売場が空くはずだから、おいしいところを強化できるのだ。売れ筋品目の陳列量を増やすこともできる。

また、商品構成を変えることも必要だ。たとえばホームセンターなら暮らし用品全般を低い価格帯で総合化しているのはよいが、衣料だけは除外しているからお客には不便である。とくに家族全員の下着や、靴下、寝間着、ホームウエアは衣料品の中でも購買頻度が高いから、ほかに扱う暮らし用品と購買頻度が似通っているので、扱わないと損である。

日本型スーパーストアは最も購買頻度の高い食品を扱うため、衣料は低価格でなければならない。かつてはそうだったからグラフを描くとB型だった。それが売場面積拡大の都度広がった売場に高額品が増え、品揃えがグラフのA型になった。その結果、食品と商品レベルが合わなくなり2階に上がる客数を減らしたのである。

一方、アパレル専門店の「ユニクロ」は、客層が広く購買頻度の高いカジュアルウエアと下着、靴下しか扱っていない。価格帯も狭い。つまり限定した商品ラインしか扱っていないのである。

商品構成グラフで品揃えを表せばどの品種もB型になる。ラインロビング型なのだ。だから強いのである。

欧米のチェーンストアは、総合フォーマットも専門フォーマットもどちらもラインロビング型の品揃えをしている。いちばんおいしいところに集中しないと競争に勝てないからである。

初心者用を重視する

アメリカの場合、初心者用の商品はバラエティストアとディスカウントストアが提供する。この2つのフォーマットは逆にマニアやプロが欲しがるような特殊な商品は扱わない。このような目的が明確なフォーマットを構築したから、アメリカのチェーンは大商圏化することなく多店化できるのである。

大商圏のマニア・プロ用を扱うチェーンにとっても、小商圏フォーマットのチェーンが初心者に挑戦しやすい品揃えを提供してくれているおかげで客数を増やせるのである。

店および部門ごとの商圏人口の実際は、自社でカスタマーカードを発行していればそのデータ分析で知ることができる。それがない場合でも、代表店舗での定期的な出口調査で知ることが可能だ。まずは店の商圏人口の現状を押さえよう。

次に部門別の収支計算書である「部門別総括表」を作成し、赤字の部門の原因を突き詰める。客数不足なら面積を縮小するが、その場合、前述したように高価格帯を自動的にカットすることで解決する。値段の高いものは数多く売れるはずがないのでそれで問題はないはずだ。

客数が多くても少なくても商品管理業務には同じだけ人時数がかかるため、この手術を実行することで現場の総人時数削減にも貢献する。

商品レベル統一のために「客動線調査」も利用する。平日と週末のそれぞれ1日ずつ、計2日調べるだけで来店客の寄り付き率の低い部門を知ることができる。その原因が大商圏商品によるものなら、扱い方を変える。今日ではECが普及しているので店に必ずしも在庫を置いておく必要はないはずである。

価格帯は購買頻度および商品機能と連動する。安ければ購買頻度は高くなるが、高ければ必然的に購買頻度は低くなる。また、初心者用は値段が安く、マニア・プロ用は値段が高い。

そこで商品部門ごとに売価上限を決め、それ以上のものは扱わないとルール化することで低購買頻度品と特殊用途品を排除できる。その結果、商品レベルの統一を図ることができるのである。

商品部門ごとに商品構成グラフを作成し、競合・競争相手となる企業と比較しながら部門ごとのグラフの形を決め、それを前提にバイヤーは仕入れと値入れを実行する。その後も定期的な監査によって逸脱を規制する。そうすることで競争の武器となるラインロビングが完成するのだ。

出店の経営戦略

ドミナントエリアの構築をめざす

チェーンストアの出店は、ドミナントエリアの構築を前提として計画的に進められる。

ドミナントエリアとは自社の店舗が集中的に出店している商勢圏の中で、とくに自社の店舗の商圏が隣接するくらい高密度で出店している地域を指す。そこでは競争相手の店舗が出店する余地がないから商圏を寡占できるのだ。

多店化するにしても散逸的な出店をすることと、ドミナントエリアづくりを計画的に行うことでは競争力がまるで違ってくる。散逸的な出店なら物流の効率が悪いからシステムを直営にできないが、ドミナントエリアができていれば自社物流にできる。商品加工センターも同様に、ドミナントエリアができていればその地域の作業をセンターに集約できるが、散逸出店なら個々の店舗で作業場を持つしかないのだ。人手の確保が困難になった今日では少ない人数でオペレーションできることが競争力向上につながるのは一目瞭然だ。

それだけでなく、ドミナントエリアでなら広告や従業者の採用、人材教育なども高い効果とローコスト化が期待できる。店でしかできない業務・作業さえ、店の専属ではなく作業の専任者が周辺店舗を回って同じことを実行することが可能で、そのほうが効率よく完全作業ができる。

アメリカのチェーンは商品の補充作業をこのような対策で専任化しているが、ドミナントエリアの構築が前提だからできるのだ。さらに、ドミナントエリアでは店の知名度が高まり、お客の信頼が厚くなる。それが最大の効果である。

したがって店の増やし方が問題である。出店しやすいところに店舗を構えるのではなく、自社店舗の商圏人口が重ならない程度に隣接する立地を選んで他社が入り込めないようにする「絨毯《じゅうたん》爆撃出店」をめざす。ドミナントエリアを構築しながら店数を増やすには出店計画が綿密でなければならないのだ。

地図検索サービスがなかった時代、先進企業はヘリコプターやセスナ機でドミナント出店候補地の上空を回り、出店したい立地を決めたものである。それを前提に立地開発をしたのだ。不動産業者が持ち込んだ空き物件にたまたま出店したのではない。最初から10〜30店の出店計画があって優先順位を決め、徐々に出店したのである。

ドミナントエリアでは、フォーマットの占拠率で1番をめざす。言い換えると、そのエリアの住民は同一フォーマットのどの店より自社を多く利用している状況をつくるのである。そうすれば競争が発生しても勝てるのだ。面積がまちまちの繁盛店が数店あるより、標準化した店舗が数多くあるほうが有利である。それが地域一番のローカルチェーンとしての信用を確立する。

そこで自社の店舗が集中して出店しているドミナントエリア候補の空いている立地を埋めることが先である。他社の商勢圏に割り込むことより割り込まれない対策が先なのだ。競争に巻き込まれると弥縫《びほう》策に終始して、ますます標準化から遠のき、競争力が弱まるからである。

自社の必要商圏人口は過去のデータから計算ができているはずである。したがってどこを埋めればドミナンスが可能なのか知ることができる。そこに空き地がなければ企業買収や他社の居抜き出店も検討すべきだ。今日では衰退フォーマットの閉鎖店舗が増えているから利用できる。

ドラッグストアにはドミナントエリア構築に熱心な企業が多いが、それは店舗の標準化が進んでいるからできることだ。標準化は多店化に結び付き、多店化はドミナントエリア構築によって店数以上のパワーを発揮するのである。

店舗年齢が競争力の指標となる

現在の大手流通企業は、他社より面積の広い大型店を数多くつくることで企業規模を効率よく拡大してきた。しかし2000年前後から出店件数が減り始め、若い店舗の比率が下がってきた。

今日では店舗の平均年齢が15年を超えるほどに老齢化してきたのだ。

本来なら店舗平均年齢は10年未満でなければならない。アメリカの優良チェーンストアなら長年5～8年を維持している。それはアニュアルレポート（年次報告書）に記載され、平均年齢が若いほど株価上昇の可能性が高いと、投資家に評価される1つの指標となっているのである。

店舗平均年齢を低く維持するためには、新店の増加は不可欠だが、それだけではない。不振店のスクラップと、よりよい立地への移転が欠かせない。10年をめどに立地条件は変わるため、いくら開店当初はよい立地でもその優位性は時間経過とともに失われる例が多いのである。したがって店数増加中の企業ほどスクラップと移転件数も多いのが特徴である。

さらに、品揃えの見直しで適正規模が変わる。また店舗の革新のための新テクノロジーの導入、設備や機械の入れ替えなどによる大幅な改造も行われる。これらは8～10年単位で最良のものに更新されるのだ。それらを基に標準化モデル店舗を再構築し、3年ほどの間に全店を標準化する。だから店舗平均年齢が5～8年に維持されるのである。

一方、日本のチェーンストア志向企業の店舗平均年齢は年々上昇中である。オーバーストア化が進み、好条件の立地はすでに塞がっているから新店数が激減している。無理してつくった新店は標準店からかけ離れた小型店や特殊な店舗になり、設備コストや運営費が高くなる。したがってこれまでの収益性は期待できない。また予測した客数の確保が困難な失敗例も増えている。

かたや既存店は開店から30年以上が経過し、フォーマットの賞味期限がとっくに過ぎているのに再構築は実行されず、客数は減る一方である。店舗平均年齢の上昇はそれを示し、同時に競争力の低下を意味しているのである。

この状態を本部が放置し、現場の従業者が個々に工夫すれば何とかなると考えるのは妄想である。根本対策がない限り、さらなる悪化を招くだけである。

応急処置は新店の出店をストップし、既存店改革を急ぐことだ。モデルとなる既存店を決め、複数のプロトタイプをつくって実験し、新しい標準化モデル店舗をつくるのだ。

新店より既存店は圧倒的に数が多いから、既存店こそ競争の原動力に変換しなければならない。

標準化モデル＝プロトタイプ

これまでは、敷地面積に多少の不足や縦横の比率がまちまちでも出店してきた。だから標準化していない店が多いのだ。

店の大きさや構造が変わると商品構成や品揃えも個別対応になる。その作業量が膨大だから店舗は標準化していなければならないのだ。２０００年前後までにすべての店舗を標準化する予定だったのだが、遅れていることが問題である。

チェーンストアにおいて、最適な方法は1つしかない。だからそれに合わせればすべてに最良の結果が出せるのだ。店舗も商品も作業も同じである。しかし最適の方法を見つけるのは容易ではない。それを見つけ、ルールを確立し、全店に普及させるために本部がある。

本部の各部署は全店を比較して最良の結果を導き出す法則を見つける。結果がよくてもコスト高なら最適とは言えないし、数を増やせないなら意味がないから、あらゆる角度から検討が行われる。もちろん他社の優良事例と比較し、欧米の先進事例からも学ぶことは多い。時間をかけて調査と実験を行った結果、改革案を策定してモデル店舗で実験する。

モデル店舗は売上高の高い店舗ではない。それは集客力の高い立地や競争相手が皆無など特殊条件の恩恵によることが多いからだ。だから同じような条件の店舗を増やすことはできず、したがって標準化のモデルにはならない。

もう1つ避けるべきことは、新店における実験である。新店で行われることはすべてが初めてだから結果がよくても悪くても、方法の変更によるものかどうか判断できない。つまり比較する過去のデータがないから使えないのである。

新しいシステムはいちばん標準的な、言い換えると数多くある自社の代表的なタイプの既存店で実験する。その店でよい結果が出るまで繰り返し修正して最適な方法を決めるのである。

本部の各部署やテーマ別改革プロジェクトチームが1つのモデル店で実験することが技術的に

困難な場合は、異なる既存店で個別に実験することもある。それらを総合して最適な標準化モデル店、つまりプロトタイプをつくるのである。完成後は計画的に既存店をプロトタイプに転換する。それができない店はスクラップか移転の対象になるのである。

プロトタイプ構築以前に実行すべきことは店段階の業務・作業種類の大幅な削減である。これをしないでプロトタイプをつくれば革新的な効果は望めない。

スクラップ＆ビルドの重要性

今日では、多くのフォーマットで多店化がストップしている。主要フォーマットがオーバーストア化し、店が増やしにくくなっているのである。それだけでなく既存店は業績が悪化しつつある。同業他社、そして同じような品種を扱う新興勢力とで限られた需要を取り合うことになるからだ。

すでに1990年代から日本でも大手小売企業の倒産例が出現している。しかし、それらの多くはマネジメント能力の低下が原因であって、競争に敗退したのではない。ここで初めて本格的な競争が発生し、淘汰《とうた》が始まるのだ。生き残るか消滅するか、これからが正念場である。

この難局を乗り越えるには効率の悪い支店経営方式から、マスのご利益を享受できるチェーンストア経営方式への転換が決め手となる。ところが目先の売上高向上対策として応急処置に終始しているとシステム構築が遅れる。競争に勝つためには、未来対策を優先させなければならないのである。

緊急課題は、新たな出店より既存店の見直しである。前述したように既存フォーマットの再構築と新フォーマット開発が不可欠である。

競争に負けて客数が減少しているなら、業態改革が必要となる。駐車場の拡張、1台当たり駐車スペースの拡幅、売場面積の拡大など、物理的条件を便利にすることだが、それには隣接した敷地の確保が必要となる。

また、店内で行っている商品加工作業をセンターで行えば、加工場を売場拡張に利用できる。同時に作業人時数が大幅に削減できるから、利益が出しやすくなるのである。

売場も駐車場も面積の拡張なくして便利さは実現できない。面積をそのままに改装だけをしても、きれいになっただけで不便さは変わりがないのだ。

それでも黒字化の見通しが立たなければスクラップする。赤字店を継続すると累積赤字が増えるだけでなく、その店の従業者が特殊な弥縫策に溺れて本来のオペレーションの方法を知らずに時を過ごしてしまう。それではチェーンストアの仕組みづくりの要員として使えなくなるから困るのだ。

スクラップ&ビルドは、チェーンストアがより良い販売環境を保つために重要な経営戦略の1つである。良い立地は10年単位で変化するものだからである。

アメリカのチェーンストアの平均店舗年齢が5~8年なのは、新店が多いだけでなく、時流に合わなくなった店舗をスクラップしているからに他ならない。

赤字店を放置しない

企業によって赤字店の比率はまったく異なっている。年商1000億円以上の企業で比較してみると、A社は開店から13カ月を経過した200店中赤字店は2店のみで、赤字店比率は1%である。そのうち1店は道路事情が悪過ぎてお客がアクセスしにくい。明らかに店舗開発担当者の調査不足による出店ミスである。そのため開店2年目で閉店した。

2店目は入居したSCのテナント構成に問題があり、客数が不足している。これも出店ミスだが、知名度を高める対策が効果的に働いて黒字化できる見通しである。これは経過観察となる。

A社は赤字店を決して放置しないのだ。開店から13カ月目に黒字化しなければ、原因を突き詰め、直ちに手を打つ。回復の見込みがないなら店舗年齢に関わらず閉店する。これまでこの原則を守り通してきたのである。チェーンストアなら当然のことである。

これとは別に、A社は作業システム改革に熱心に取り組み、ローコストオペレーションシステムを確立した。損益分岐点が70％台と低いのだ。だから高い売上高を必要としない。それでも出店してから予測売上高が確保できないと分かったなら、スクラップ対象とする。

かたやB社は280店中約4割の110店が赤字である。その110人の赤字店の店長は、本部の指導の下、黒字化するために売上高を高める努力をし続けている。死に筋商品を目立つ主通路沿いに積み上げたり、呼び込み販売をしたり、タイムサービスを頻繁に実行したりと、忙しく立ち働いている。それがかえって販売経費を増大させてしまい黒字化から遠のいているのだ。

これらは支店経営方式にありがちな赤字対策だが、成功の可能性は低い。黒字化は売上高の向上ではなく、オペレーションコストの削減の方が実現可能だからである。

ところがB社はあらゆる決定を店長に委ねているため、オペレーションコストをどれだけ削減できるものなのか誰も分かっていない。従って、必要売上高も逆算できないのだ。そのために、店舗開発担当者がその立地を選んだことが適切かどうかの評価も行われない。すべてが店長の頑張り次第と決めつけられてしまうのである。

その結果、赤字店の黒字化が進まないだけでなく、店舗開発担当者は反省がなく、また同じような客数不足の店をつくってしまう。

正確に言うと、売上高は十分にあるのかもしれない。作業システムを改革すれば利益が出せるのかもしれないが、誰もそのことを問題にしない。

もう1つの事例、C社は500店中8％の40店が赤字である。C社の赤字店の共通の欠点はフリースタンディングであることだ。商勢圏内にSCの開業が増え、フリースタンディングが業態として不便であることが明白になり、客数を減らしているのだ。したがって回復策はSCへの移転しかない。

ここまで原因を突き詰めたC社だが、このスクラップ＆ビルドができないでいる。出店時に多額の建設協力金を支出したからである。諦めるしかないのだが、その決断を渋っている。

チェーンストアの出店はスクラップ＆ビルドが前提だから、撤退しやすい条件で出店しなければならないのである。

第6章

商品戦略と商品開発

商品の原則

チェーンストアの提案により、ライフスタイルが多様化

日本人の暮らしは豊かになったといわれる。確かに1970年代まで一般家庭には限られた電化製品しかなかったが、80年代以降はどこの家庭にも冷蔵庫、洗濯機、電子レンジ、掃除機、テレビ、冷暖房機などが備えられ、日常の暮らしは便利になった。

さらに今日では掃除機なら基本形のほかに、部分使用が楽にできるスティック型、大ざっぱに床の埃を取ることを自動的に行うロボット掃除機、パソコンや家具の隙間など細かい部分の埃を取るためのハンディクリーナー、ガラス窓の掃除専用、布団のダニ吸い取り用も、庭の落ち葉を集めるアウトドア用掃除機もある。つまり消費者が用途ごとに最適な掃除機を使い分けられるように、専用の製品が開発されているのである。

また男性の衣類では、下着と寝間着と通勤用の白いワイシャツとスーツだけで済ませていたものが、今は寝るときにはパジャマ、家でくつろぐときはアクティブウエア、庭の手入れや洗車を

するにはTシャツとジーンズ、休日の外出にはチノパンツとスポーツシャツとセーターを着る。

通勤にはスーツだが、ワイシャツは白に限らず色柄ものも楽しむし、帰宅後にスポーツクラブで汗を流すときはドゥ・スポーツウエアを着る。製造業やそれを提供する小売業が、消費者の使用目的を想定して開発し、品揃えに加えたから、消費者はそれらの商品群の中から適切な用途の商品を選べるのである。

その結果、日本人のライフスタイルは多様化した。1人の消費者がさまざまなライフスタイルを楽しめるようになった。用途別の商品が身近な店舗でアフォーダブル（手頃）な価格で提供されたから、新たなライフスタイルに挑戦できたのである。

ライフスタイルとは、思考と行動とを含めた生活様式のことだ。だが、思考も行動も、モノがなければ発展しない。言い換えれば、それぞれの目的に応じたモノの選び方と使い方で新たなライフスタイルが生まれるのである。そしてそのモノを創造し、消費者に提供するのがチェーンストアの任務である。

日本では新たな用途の開発は製造業がするもので、小売業はその中から選ぶものと考えられている。しかし消費者にいちばん近い小売業こそが、彼らのニーズをいちばんよく知りうる立場にあるのだ。だから欧米では製造業のブランドより、チェーンストアのバーティカル・マーチャンダイジングにより生まれたPBが先行した。

日本でも製造業が零細だった江戸時代は、資本力と有能な人材と販売力を持った大店《おおだな》が商品のプロデューサーとして消費者のニーズに合った品質を決定し、製造業者に機具を貸与し、まとめて安く調達した材料を提供してつくらせていたのである。

小売業が規模拡大を果たした今日、メーカーに頼るのではなく、チェーンストアとして本来の任務をまっとうすべきである。

商品による生活提案

消費者のニーズはお客に聞いてもわからない。人は見たことも使ったこともない品を想像することはできないのだ。われわれが彼らの不便さや暮らし方の変化を研究し、多くのチェーンストア先進国の事例を学び、新たな生活提案商品を開発しなければならない。

大衆が味わったことのない便利で楽しいライフスタイルを、チェーンストアが商品開発によって提案する。消費者はその提案を受けてはじめて未知のライフスタイルに挑戦することができるのだ。その提案の内容が他社との差別化になり、①客層の拡大、②来店頻度の向上、③買い上げ品目数の増加につながり、チェーンストアの既存店売上高は年間数%ずつ増えてゆくのである。

日本の小売業は店数の増加とともに同一フォーマットの他社だけでなく自社競合も起こして既

存店売上高が減っているが、それは生活提案がないからである。これまでどおりの商品をこれまでどおり品揃えしていたら、自社と競合他社が店数を増やすたびに、お客を奪い合うことになるからだ。

第1章で述べた通り日本の人口構成は20年前と比べて大きく変化した。家族構成も働き方も変わったのだ。当然に消費者のニーズも変化している。それにもかかわらず多くのフォーマットは部門構成も品揃えも変えようとしない。しかし競争時代を迎えた今日では、生活提案がなければ敗退すると考えねばならないのである。

アメリカのチェーンストアは消費者のニーズの変化を事前に予測して、彼らが気づく前に商品による新たなライフスタイルの提案をし続けている。１９８０年代、ワーキングウーマンの増加に合わせて①イージーケアで、②イージー・トゥ・マッチ（easy to match、組み合わせしやすい）で、③着心地が楽で、④おしゃれな通勤着を開発した。

それらはキャリアスーツではない。ワーキングウーマンの中には高給取りのキャリアウーマンもいるにはいるが少数派で、多数派は一般事務職や工場労働者やチェーンストアの店舗段階のワーカーである。働く女性の普通のニーズを突き詰めて品質を決定し、季節ごとに新たなファッションを楽しめるポピュラープライスの商品を開発し、今も売り続けている。

百貨店もＧＭＳもディスカウントストアも専門店も同様に、これらの条件を揃えたプライベートブランド（ＰＢ）商品をそれぞれの価格帯の範囲内で開発した。

サイズ種類は団塊の世代が40歳代になった90年代にさらに拡大した。年を重ね体型が変わっても、若いときと同じようにホットファッションを楽しむというライフスタイルの提案をしたのである。

消費者のニーズに合わせて売場と商品を変える

食品フォーマットは人口の高齢化による健康志向と、働く女性の増加による調理時間の短縮という、２つのニーズに着目した。これに合わせて低カロリーでおいしい冷凍と冷蔵のメニューを開発したのだ。今日ではミートローフやチキンポットパイなどクラシックなアメリカ料理だけでなく、イタリア料理、フランス料理、メキシコ料理、中華料理、日本料理など、素人ではできないプロ仕様のメニューが１食３ドルほどの低価格で食べられるほどに進化しているのだ。しかも１食３００キロカロリー前後の低カロリーメニューも種類が多い。

生鮮食品も下処理済みのパッケージ入りの商品が増えた。サラダや温野菜用、料理用のパッケージが、野菜売場の半分を占めるほどに拡大している。

ほかにも牛乳やひき肉の脂肪含有量の表示があるのは当たり前で、日本のように「低脂肪」という曖昧な表現や、商品の色の違いで判断しなければならない不便さがない。これらはコレステロール値をコントロールしなければならない成人病患者にとっては重要な品質表示である。

アメリカのチェーンストアは日々、進化している。10年単位で商品構成の変化を振り返ってみると、商品部門構成の改廃が頻繁に行われていることがわかる。それ以前に商品分類は5年単位で改善されている。その結果、部門ごとの面積配分も標準レイアウトも変更される。目的はお客にとっての便利さの追求と新たなライフスタイルの提案である。

たとえば90年代までは非食品フォーマットが広く売場を取っていた「収納用品売場」は、今日では縮小され、万能の収納用品だけが並んだ売場になっている。用途別に便利な収納用品目の開発を進めた結果「衣類の収納」「キッチンの収納」「バスルームの収納」「ホームオフィスの収納」「DIYの収納」「ガレージの収納」「子ども部屋の収納」など、独立した分類ができるまでになったからである。

これらの商品群を売場で目にしたお客は「こんなに便利な商品があるなら買って帰ってクローゼットの整理をしようかしら」と思うだろう。忙しい外出前に必要なものを探し回る非効率な現状を反省し、暮らしの改善に挑戦する意欲が湧く。それが生活提案である。

メーカーの努力ではない。チェーンストアが商品開発のプロデューサーとして活動した結果である。各社がそれぞれに消費者のニーズを突き詰めて解決策を見出すため、同一フォーマットの他企業同士、同質化せずに差別化ができている。その独特の品揃えが競争の武器となるのである。

一方、日本ではチェーンストア独自の商品開発が遅れている。仕入れ商品が主力だから他社との差別化がしにくいことは確かだが、消費者ニーズを理解すれば仕入れ商品でも生活提案はできる。しかし実際には卸売業のお勧めにしたがって仕入れを行っているだけだから、フォーマットごとの同質化が進むのだ。

競争時代に突入した今日では同質競合では生き残れない。商品部の人数を増やして時流に合った独自の生活提案に挑戦すべきである。

豊富さの取り違え

SMの味噌の陳列棚には多くの品目が並んでいる。値段の安いものから高いものまで多い場合は80種類もある。その内容は、風味の決め手となる麹《こうじ》の違い、塩分と麹の組み合わせによる甘口から辛口までの味の違い、赤から白までの色の濃淡の違い、産地の違い、ブランドの違いなどがマトリックスになって、それだけの数になるのである。

品揃えをしたバイヤーは品目が多ければ多いほどお客は喜ぶと思い込んでいる。したがって自社の売場に味噌が50品目しかなければもっと増やすべきと考え、ベンダーに新たな商品の提案を要求する。品目が多ければお客の好みのものが1つはあるはずだと思うのだ。また、お客にとって多数の品目のなかから商品を選ぶことは楽しいことだという〝伝説〟があるからだ。

本当にそうだろうか。自分自身がSMの味噌の棚の前に立っていると想像してみよう。味噌はそれだけで食べるものではなく調味料だから、何をつくるために必要なのかによって適切な品質が異なるはずだ。味噌汁なのか、味噌漬けなのか、ネギのぬたなのか、品質の違いがそこで問題になる。しかしそれがわかるような品揃えになっていないことが問題である。

現実にはお客が使う立場に立って用途や品質についての中、小の分類がしてあるわけではないので、さまざまな商品があっても適切な品質のものを選ぶのは至難の業だ。

値段の高いものはおいしいかもしれないが、大多数の普通のお客にとってはもともと購入検討の対象にならない。家計の予算は決まっているので、高い味噌を買ったらほかに必要なものが購入できなくなるからである。

バイヤーは値段の高いものが欲しいお客もいるはずだから品揃えに加えると言うが、それは少数派だ。少数派のために用意されるおびただしい数の商品は、多数派である普通のお客には関係がない。だから多くのお客は値段の高いものを視界から排除しながら商品を見ることになる。しかも値段の高いものは、持ち込んだベンダーも棚割りをするバイヤーも荒利益高増加のために売れてほしいという願望が先だって、最も目立つ位置に数多く置いてあるから厄介だ。

品目数が多いから豊富な品揃えかと言えば、そうではない。大多数のお客は値段の高いものを求めていないので彼らにとっては余計なものが多すぎる。一方で、値段が安い買得商品は品目数も陳列量も少なく見つけにくいのである。逆に少数派だが値段が高くてもこだわりの味噌を買いたいお客には不満足な品揃えのはずだ。したがってどちらにとっても豊富さは感じられない。ここで売る側の意向と買う側の受け止め方に大きな乖離が生じるのである。

扱うべきもの

チェーンストアはすべてのお客を満足させようとは考えない。多数派である普通のお客の、繰り返し発生するふだんの需要をカバーすることだけに徹底するのである。こだわり派も何にでもこだわっているわけではないから、普通の需要を賄う商品があればそれで間に合う場合のほうが多いはずだ。

それは客層が広く発生頻度が高い用途だから、客数は最大になる。扱うべきものと扱うべきでないものはこの条件で決まるのである。

まず、必需品は揃えなければならない。例に挙げている味噌は、料理をする人にとっては必需品だが、しない人には不要な品だ。ここで検討しなおさなければならないのは、専業主婦が当たり前だった1980年代までの暮らし方と、共働きが常識化した今日では、必需品の内容が変化していることである。しかし味噌が必需品でない人にとっても味噌汁は必需品のはずなのだ。

歴史的に必需品と考えられていたベーシックアイテムは今やベーシックでないかもしれないのだ。検討が必要である。

幅広い客層が日常で頻繁に使う品種は何か。一つの目安はどのフォーマットでも扱っている品である。この場合、同一フォーマットの他社を調べてもあまり意味がない。フォーマットごとに品揃えが同質化し、仕入れ先さえ同じ場合が多いから、そこから学ぶものは少ない。

コンビニエンスストアは売場が30坪ほどしかなくても食品と非食品の両方を扱っている。それらは必需品ばかりで選択肢はなくても目的を果たす1品目を選んでいる。その品揃えを学ぶことは必需品の品種を確定するために役に立つ。

ドラッグストアも同じように食品と非食品の必需品を品揃えに加えている。売場面積が200〜300坪あるから、とくに非食品の必需品の品種と品目が増える。ほかにもホームセンターや100円ショップ、専門店など店数の多いフォーマットが共通に扱っている品種と品目を調べる。それらと比較することで自社の品揃えを改善できるはずである。多くの場合時流の変化に対応していないから、大幅な変更を必要とするはずである。

次は扱う期間を決める。13週以上需要が継続するならステープルの扱いになるが、季節品のような限定された期間だけに需要が集中するならシーゾナルとして13週未満の短期間の扱いになる。季節に左右されなくても購買頻度が低い品なら、年間数週間だけ扱うことで周辺需要のすべてを賄うシーゾナルの扱いとする。ステープルとして長期間扱うより販売数量は多くなる場合が少なくないし、売場面積を有効活用できる。

さらにホット商品も揃える。今、人気爆発中の商品は皆が欲しがるからだ。しかしトレンド商品は扱わない。人気が出るかどうかまだわからないメーカーの提案品だからである。この段階では死に筋になることのほうが多いから、チェーンストアは他社の売れ行き状況の観察を続け、人気が出る寸前で販売を開始すべきである。

扱うべきでないもの

ナショナルブランド商品は消費者の間で知名度が高く、品質についても信用がある。だからといってあらゆるブランドを扱ったら単品が増えに増えて単品ごとの販売数量は分散する。その結果、商品管理が複雑になるだけでなく、1品大量品目の不在で売れ筋が育たず売場の活気が失われる。品質の違いがわかりにくい単品が増えると購買決定がしにくくなり、販売数量の合計も下がる場合が多いのだ。

そこで、扱うナショナルブランド商品は選ばねばならない。品種グループのトップブランドが第一候補となるが、仕入れ価格が高いことが問題である。したがって安く仕入れられる条件を満たす必要があるのだ。建値制の場合はコミッションの条件が問題である。しかし値段が他社より割安でなければ売れないのでトップブランドが無理なら2番手を選ぶ。

いずれにしてもどのブランドも平均的に扱うのは愚策である。どのブランドからも有利な条件は得られないからである。

これまで扱っていたブランドが売場から消えるとお客から問い合わせが寄せられる場合があるが、その時はあらかじめ店長に申し入れて同じ品質の異なるブランドをお客に勧める。そうしないとせっかく進んだ品揃え改革が元に戻る可能性があるのだ。

やはりナショナルブランド商品の仕入れ価格は高い。だから安売りすれば荒利益率が減る。それをカバーするのがローカルブランドである。地域の名産品という意味ではなく、規模が小さいために限定地域だけに浸透しているブランドである。ナショナルブランド商品の低い荒利益率をカバーする重要な存在だから、開拓に時間をかけるべきだ。

もちろん自社ブランド商品が低価格と高荒利益率実現の最も有効な手段であることに違いはないので、徐々に増やしていかなければならない。

高級品や趣味・嗜好品、こだわり商品の扱いが客数増加の有効な手段と思い込んでいるバイヤーは多いが、先に述べたように実際には死に筋になることが多い。扱う前に客数の多い店で試験販売して、結果を見てから全店に導入する。新商品導入の手順を踏むことで死に筋と売れ筋の条件が明確になるから制度化を進めるべきである。

最後に、年齢別の好みを売る側が決めてはいけないということをつけ加えておく。

たとえば衣料品の売場では、「ミスの売場」「ミセスの売場」「シニアの売場」と、年齢別の分類をしてはならない。欧米ではこのような年齢別の区別を絶対にしない。若者と熟年にはそれぞれ好みのルックがあるが、それは体形の違いによるもので年齢の違いではない。50歳でもスリムな体形ならジュニアサイズを着ることができるのだ。したがってルックの違いはブランド名で表現する。年齢で区別するのではない。

日本は人口の半分以上が45歳以上でありながら熟年が選べる商品が少なすぎるのである。

豊富さ実現に向けた取り組み

流通業にとって「豊富な品揃え」は欠かせない。

そのためにこれまでさまざまな手を打ってきた。1960年代、最初にチェーン化をめざした日本型スーパーストアは、多くが呉服店や衣料店、そして食料品店、ダイエーのように薬屋など、すべて専門店だったが、チェーンストアの準備段階として規模を拡大するために売場面積を増やし、衣料も食品もホーム関連も消費者の暮らし全般に必要な品を1店に総合化して、便利さを提供して成功したことは第5章で述べた。

初期のころは部門数を増やしても部門ごとに見れば、お客のニーズが高い品種だけを扱い、それぞれの品目は売れ筋しか持っていなかった。それはお客にとって欲しい品が低価格で揃う豊富な品揃えだったのだ。商品は飛ぶように売れ、当時はすこぶる効率がよかったのである。

70年代になると商品部門ごとに扱い品種を増やしていった。お客からの人気の高まりと売場面積のより一層の拡大で、それまで扱っていなかった品種も仕入れやすくなった。たとえば家電売場では扇風機だけでなく、エアコンも扱うようになってきた。選択肢は多くなくても、普通のお客が満足できる品目だけをラインロビングした。それで十分に豊富な品揃えを提供できたのだ。

80年代には品種ごとの品目が増えた。さらなる売場面積の拡大で広いスペースを埋めるためだ。それまでナショナルブランドは安売りできるものが限られ、扱えないものも多かった。ところが日本型スーパーストアの店数増加でメーカー側の売り込みが積極的になり、扱いブランドの種類が増えた。品種の増加は限定的だが、品目の増加は目覚ましく、そのまま今に至っている。

しかし、その状態が豊富な品揃えなのかといえばそうではない。ブランド名が違うだけで品質には差のない、または同一ブランドでも微細な違いしかない重複品目が増えたので、お客にはかえって選びにくくなった。同時に各社の品揃えが同質化したため、他社との差別化ができなくなったことも問題だ。

日本型スーパーストアに限らず、ホームセンターやＳＭでも同じような問題が発生し、そこから脱却するために90年代、売れ筋品目を自社開発品に入れ替えることで他社との差別化をめざした。すでに60年代からダイエーが率先して自社開発品を売り出したのだが、定着したのは牛肉やウナギのかば焼き、オレンジジュースなど、少数に限られた。非食品については西友が始めた「無印良品」、イオンが開発した食品と非食品にまたがる「トップバリュ」が数少ない成功例で、当初のチェーンストア産業化計画からはかなり遅れているのである。

欧米のチェーンストアは1品目のプライベートブランドの開発から始まったことはすでに述べたが、日本の場合は、仕入れ商品から始めたため、切り替えるのが容易ではない。したがって今のところチェーンストアらしい豊富な品揃えは実現していないのである。

フォーマットごとにお客の期待は異なる

その後、日本の流通業界には多くの新興フォーマットが出現した。ホームセンターの後にドラッグストア、１００円ショップ、各種大型専門店、ＳＭも売場面積５００坪以上の大型店が主力となった。先発の日本型スーパーストアも同5000坪にまで大型化したのである。

売場面積の大型化は豊富な品揃えの実現に有利である。ところがフォーマットの種類が増えれば同じような商品の売場が増えることになり、フォーマット間競争が生まれる。そうなるとフォーマットが消費者のどの買物のTPOSをねらって品揃えをしているのか、売場全体が1つの商品政策で統一されているかどうかで便利さが決まる。言い換えると「商品レベルの統一」ができているかどうかである。したがって商品部門ごとに品揃え方針がまちまちなまま、広い売場に多くの品目が並んでいることは豊富とはいえないのだ。

たとえば日本でいちばんたくさんの食品を販売しているのはコンビニエンスストアだが、その売場面積は30坪しかない。だから品揃えの選択肢は少ないが、それでも消費者の日常のニーズをカバーしている。必ずしも広い、多いほうがいいとはいえないのである。

それにもかかわらず「消費者のニーズは多様化しているから、いろいろあるほうが有利」という間違った論調はなくならない。しかしチェーンストアの商品の豊富さはフォーマットごとにお客の買物のTPOSに合った品揃えをすることなのだ。それがフォーマットの構成要素である。そのためフォーマットによって豊富さの内容は異なり、それによって適正規模が決まる。フォーマットの種類が増えた今日では、競争関係を考慮した品揃えの再構成が不可欠である。

ちなみにお客の好みが多様化したと考えるのは間違いである。常に全体の8割の人気は、あるものに集中する。だからファッションが生まれるのだ。多様化するのは残りの2割だが、前述の通りそれに関わると主流派を満足させる以上のコストと時間がかかる。したがってチェーンストアは8割の主流派を満足させることに集中し、残りの2割の需要は捨てるのだ。

この原則はどのフォーマットにも共通である。めざすフォーマットの商品政策に基づいて店内の全商品部門の商品レベルを統一しながら、便利な品種を増やし、それぞれの品目は売れ筋だけを扱うのである。

豊富さ実現の努力方向

チェーンストアでは品種ごとの品目、つまり選択肢は3つまでとする。それ以上あるとお客は迷い、その場で購入するかどうかを決定できなくなるからだ。この原則は50年以上前から確立されているのだが、日本ではなかなか理解されない。

10年ほど前に日本語の翻訳本が刊行された『選択の科学』（文藝春秋）は、アメリカの経済学者シーナ・アイエンガーが書いた本だが、そこに「選択肢は多すぎるより絞ったほうが全体の販売数が増えた」という実験例が紹介されている。その実験結果はチェーンストア業界では当たり前のことで今さらなのだが、それでも納得しない人が多いのが日本の現状だ。逆に重複品目を増やして成功した企業は存在しないことも事実だが、それでも増やしたがるのはお客の側ではなくサプライヤー側の立場に立っているからである。

まず豊富さを生み出すために「少なくする」要素は(a)品目数である。先に述べたとおり選択肢は同じ値段で傾向の違う3品目までが原則である。需要が少ない品種で、好みが問題にならないものなら1品目でよいものもある。

次に(b)スタイル数と色数と味の違いは売れ筋に限ること。たとえば色違いが12色あったとして、平均的に売れるはずがない。そのうちの3色ほどに人気が集中する。しかもその3色も均等にはならず、そのうちの1色が4〜5割を占め、残りをほかの2色で分けることになる。したがって12色同じ陳列量で扱えば、人気の3色が瞬時に売れ、残りの9色は売れるのに時間がかかり、多くは売れ残って死に筋在庫となるのだ。

お客にしてみればいくら色数が多くても欲しい色がないのだから、豊富感は感じられない。だから試売が必要で、1店で12色を売ってみればどれが売れ筋カラーかわかるから、それだけを大量に扱えばお客は豊富な品揃えに満足する。

(c)商品ラインとは価格帯のことだが、人気の価格帯とそうでない価格帯があるから8割の人が共通に欲しがる商品ラインだけを扱う。同じ面積に安いものから高いものまでさまざまな価格帯を扱えば、どこをとっても不完全になってしまうが、人気の商品ラインだけに同じ面積を使えば豊富な品揃えにできるのだ。

一方、「多く」すれば豊富感につながる要素は、①人気の売価に品目を集中させることである。昼食用の弁当の人気売価が380円なら、その売価に選択肢を増やすのだ。580円は1品目でも380円は味と組み合わせの違う3品目を用意する。しかし日本では逆の場合が多い。高いほうを売りたいからと選択肢を増やし、安いほうは自然に売れるからと1品目に絞るのだ。これでは競争に負ける。

②身につけるものなら体型別のサイズ種類は増やさねばならない。今あるサイズでは全体の8割をカバーするには少なすぎるから、日本では熟年が服を買えないのである。

③売れ筋の陳列量は増やさねばならない。そうしないと欲しいお客に行き渡らないからである。たとえばサイズなら販売量の多いサイズの陳列量は多く、逆に販売量の少ないサイズは陳列量も少なくすべきなのだ。つまり販売量と陳列量は正比例させるのである。

今後差別化の決め手となる④自社独自の開発品目は時間をかけて育てる。それが多ければ多いほど競争に強くなる。同時に⑤用途と見かけが調和する品種と品目を増やす。これらは自社開発するしか方法がない。

⑥売れ筋の1品大量が目立つ売場はエキサイティングである。死に筋を排除し、売れ筋だけを扱い、先に述べた豊富感が表現できる要素を増やせば結果としてそうなる。お客にとってまた行

きたい店になるのである。

ベーシックアイテムをマス化する

店はお客が目的買いする商品があるからこそ集客できる。それを核商品といい、他社と差別化する武器となる。しかも全商品部門がそれを持っていることが重要である。「核」は、品目の場合も品種グループの場合も売場の場合もある。

さらに1品目当たりの販売数量が多ければ多いほど、多くのお客が利用し続けていることになるから有利である。それらは核商品の中でも「マスアイテム」として時間をかけて育成するものである。

それらは他社の同種の商品と比較して、売価、品質、利便性、安定性などが優れていることが条件である。だからこそお客は他社ではなく、自社をひいきにしてくれるのである。

マスアイテムであることの第一段階の目安は、1店舗当たり1日に100個以上売れることである。SMなら少なくて20品目、多いと100品目にもなる。

第二段階の目安は1店舗当たり1日に客数の1割が購入することである。したがって3000人なら300個となる。現状では、この目安だとマスアイテムの品目数がゼロになるSMが多い一方、20品目持っている店もある。当然にこれらのマスアイテムの数が多ければ多いほど、客数1人あたりの買い上げ点数は多くなる。

非食品の場合は消耗品でも100個に届かない場合が多いから、50個を目安にする。さらに購買頻度の低い品種は1日ではなく1週で計算するか、品目ではなく品種グループで数えるなど、目安の数値を決める。努力目標を定めることこそ進化を促進することになるからだ。

マスアイテムをリストアップしてみれば、売れ筋の条件がわかるはずだ。それらは普通の消費者が普段頻繁に使うベーシックな商品である。したがって多くのフォーマットが共通に扱う。

この重要なベーシック商品がマスアイテムに育っている企業と、そうでない企業とでは、消費者の人気がまったく異なることに気がついてほしい。

ところがこれらの商品の調達を任されるバイヤーは、この重要性を認識していないことが多い。たとえば仕入れ先は前任者からの引き継ぎを繰り返し、何十年も変わっていない。だから売価を下げられるはずもない。逆にエネルギーや配送コストの高騰などをきっかけに、じわじわ売価が上昇している。ベーシックだからと品質の検討もなくマンネリ化し、時流に合わなくなっていることにも無頓着である。

言い換えると、最も重要なベーシックアイテムにバイヤーは仕入れのための時間を使っていないのである。時間を使っているのは新商品やトレンド商品など、目先が変わったものの仕入れに対してである。しかしそれらを欲しがるお客は少数なので死に筋になり、かけた時間が無駄になる。

バイヤーの仕入れ努力はベーシックアイテムをマス化することに注がれねばならない。それが消費者の人気を取り戻すことにつながるのである。

ベーシックだから他社と同じでよいのではない。客層が広く購買頻度が高いからこそ、ベーシックは他社より便利で楽しく、安く、バリューがある商品でなければならない。お客はそれを目的に、他社ではなく自社に繰り返し来店してくれることになるからである。

製造業、問屋別分類からTPOS分類へ

総合フォーマットも専門フォーマットも、大手企業は既存店の約2倍の面積を確保したスーパーストアを多店舗化することで競争に勝ってきた。ところが出店速度が鈍化した今日では、その拡大方法が収益性悪化の原因の一つとなっている。商品部門構成が旧態依然としたままのため、部門ごとに重複品目と高価格帯の商品が増えるだけで面積拡大の効果が発揮できないでいるのだ。品目が増えても用途は同じだからお客にとってあまり意味のない選択肢が増えただけで、買い上げ品目数は変わらないからだ。

企業側は広い売場が商品で埋まっているから、それでよいと自己満足しているらしいが、選択肢が増えてもその中から買うものは拡大前と同じく1つだけなら、増やした意味がない。異なる用途の品種が増えたわけではないからだ。

消費者の暮らし方が変わってきたのだから、商品も売場も進化しなければならない。それを促す最初のステップが商品分類の変更である。それは同時に売場分類の変更でもあるのだ。

既存の商品分類は製造業、問屋別に分けられる場合が多い。商品管理業務を仕入れ先に分担させていた過去の慣習上、その方が便利だったからである。日本型スーパーストアの肌着や靴下売場が男女の区別なく合体されているのはその名残である。また、電化製品が用途と無関係に、同じ売場で売られているのもそのためだ。保温ポットは電動のものとそうでないものとでは陳列されている売場が違うのである。

一方、競争対策としてＴＰＯＳ別に進化した売場もある。子供の下着や靴下はかつて大人の売場に統合されていたが、先に述べた事情により今日では子供の服飾品と同じ売場に分類されている。それは西松屋などの専門店チェーンが子供の暮らし用品のすべてから、人気の高い低価格帯だけをラインロビングしたために、そちらでまとめ買いする消費者が増えたからである。そこで総合フォーマットも客層別に分けたほうが、買い上げ品目数が増えることを学んだのである。

欧米のチェーンストアの売場分類は、消費者が同時に使うものを集めたＴＰＯＳ分類である。

TPOSの考え方については第5章で述べたが、用途（TPO）と好みのスタイル（S）で必要な商品を集めるのだ。今、店にあるものを用途別に分けるだけでなく、不足するものを集めなおすのである。だから分類というより編集と表現するほうが正しい。

現状の品揃えは仕入れ先と企業側が売りたいものを集めただけだから、使用する側の立場に立てば不足している品種と品目が多いはずである。製造業、問屋別分類ではわからない不足品が、TPOS分類にするとわかるのだ。

商品分類で他社との差別化を図る

かつては寝具とタオルが同じ売場に分類されていた。同じ問屋が扱っていたからである。しかし今日では寝具とタオルは用途がまったく違うから、売場を分けている。さらにタオルと言っても浴用とキッチン用では求められる品質が異なるのだ。

入浴用に使うタオル以外の商品、例えば床マットや洗面台で使う歯ブラシ立てやうがい用のコップ、洗面所の収納用品などの小物も同じ「バス用品売場」で取り扱っている。そのほうが来店客にわかりやすく、未使用品種の購入機会ともなりうるからだ。寝具とタオルを分けたからこそ不足を補い、進化した品揃えになったのである。

用途によって商品の塊の大きさは変化するが、分類は普通3～10坪の単位に収める。それより狭いとお客の目に留まりにくいし、広すぎると用途が曖昧になる。常に消費者の8割に共通の生活体験に当てはまる用途を前提にすることだ。

暮らし用品なら寝室、洗面所、キッチン、玄関など家の中の同じ場所で使うものは同じ分類にする。服飾品なら同時に身につけるものを集める。したがって男性用と女性用と子供用は別の分類になる。食品なら用途、メニュー別だ。たとえば加工肉はディナーのメインになる大型のステーキハムと、サンドイッチに挟む薄切りハムとでは用途がまったく異なるから、別の分類になる。

このように消費者が使う立場に立って商品を編集することで、店側は新たな生活提案をすることになる。その売場で買物をしたお客が、これまで経験したことのない便利さや楽しさを享受することになるのである。

ＴＰＯＳ分類の売場であればお客は使用経験がない商品を見つけても用途の想定ができる。掃除用品の売場にあればそれが掃除に使うものだとわかるから用途を推測できる。また、組み合わせて使用すればより便利になりそうだと思えるから、セルフサービス販売で関連購買が増えるのだ。消費者にとって、豊かな暮らしへの期待が膨らむ瞬間である。

加えて、店側にとってのＴＰＯＳ分類の利点は、品揃えで他社との差別化が実現することだ。商品が同じでも組み合わせのスペシャリティで優位に立てるのである。

現状は品揃えの革新性を喪失している。死に筋の発生を防ぐという名目で、新しい品種を増やすことに消極的である。一方で既存の売れ筋の重複品目を増やしたがる。だから消費者の暮らしが進化しないのだ。

分類の原則

商品分類を決定する順序は、まず購買頻度を問題にする。購買頻度＝来店頻度だから、商品部門によって品揃えの方針が違っていてはひとつ屋根の下に品揃えしている意味がなくなるからだ。購買頻度で商品レベルを統一し、その方針がフォーマットを決定づけ、店数の多寡につながるのだ。購買頻度は価格帯に連動するので売価上限を決めて、それ以上のものをカットする。それから用途別に大分類するが方法は前述した。

その次の分類は使用客層別である。しかし細かく分けすぎてはいけない。年齢や職業、所得、家庭内での役割など細かく分ければ分けるほど死に筋商品が増える可能性が高まるので、大まかに分けることが求められる。たとえば女性なら「25歳から65歳の働く母親」という分け方である。これなら成人女性の過半が該当する。

チェーンストアは年齢、職業、所得の違いにかかわらず、共通に使うものを優先することで核商品となるマスアイテムを育てるのだ。

さらに購買客層で分類する。女性の社会進出が進む以前、専業主婦率が高かった時代は、男性用の下着や靴下は主婦が購入する例が多かった。だから先に述べた分類でもよかったが、今日の女性の社会進出率の高まりから、男性でも自分の買物は自分でする例が多いのだ。だから分類を変えねばならない。

しかし子供用のものは、自分で購買決定をしたがる中・高学年と、親が購入する商品を決めるそれ以前の年齢の子供の売場は区別が必要だ。購入客層が異なるからである。たとえばおもちゃなら女の子と男の子とでは欲しいものが違うから使用客層別分類が必要となる。しかし教育玩具なら男女の区別が不要なだけでなく、購入客は親であり使用客層とは異なる。したがって先のものと同じ分類では効果がないのである。

最後に、サイズや規格、量目の違いにより小分類を決める。

これが基本だが、とくに強調したいテーマがあれば先の分類を無視して最優先にする場合がある。季節感のアピールのほか、流行の色やスタイル、ルックを強調したいときである。それがエキサイティングにつながり、他社と差別化することができる。

既存の商品を分類した後で、図表34に挙げた項目で同時に使うものが揃っているか検討する。なければ追加するが、どこまで揃えるかはフォーマットによって決まる。図表に事例があるが掃

図表34 広い客層で高頻度なTPOSの品ぞろえ事例

	商品の性格	購買頻度	掃除	調理器具
1	そのつど その用途に使う 消耗品	高	洗剤（トイレ、床、カベ、フロ、タイルなど）、除菌剤、使い捨てぞうきんと手袋、フローリングワイパー用シート、粘着クリーナーロール　など	ごみ袋、キッチンペーパー、ラップフィルム、アルミホイル、使い捨てビニール手袋　など
2	時々 その用途に使う 消耗品	中	ガラス用洗剤、カビ取り・サビ取り・ツヤ出し、コーティング剤、パイプ洗浄剤、脱臭剤、掃除機用紙パック　など	揚げものシート、ジップロック、パラフィンシート　など
3	そのつど その用途に使う 道具	中	ほうき、ぞうきん、ブラシ、ちり取り、モップ、スポンジ、バケツ、化学ぞうきん、フローリングワイパー、ゴム手袋、液体洗剤用スプレー、掃除機　など	包丁、まな板、キッチン挟み、鍋、ナベ、ザル、ボール、菜箸、玉じゃくし、ピーラー、カン切り、フライパン、ケトル、コンテナー、電子レンジ、電気釜　など
4	時々 その用途に使う 道具	低	へら、ガラスワイパー、デッキブラシ、ホース、高圧洗浄機　など	おろし器、すり鉢、すりこぎ、パン切りナイフ、計量器、トング、へら、トースター、オーブン、ブレンダー、ミキサー、ホットプレート、フードプロセッサー　など
5	その道具に 取りつける装置 取り替え用部品 道具の メンテナンス用品	低	モップのスペア、モップやスポンジの水切り用アタッチメント、掃除用品の収納用品　など	包丁研ぎ器、収納、フードプロセッサーの替え刃　など
6	特殊な用途	さまざま	各種業務用、モップ絞り器、アウトドア用掃除機　など	ベーキング用品、各種業務用、ナベ、フライパン、包丁などの高額品　など

◇原則　①掃除機、電気釜などは購入頻度が低いため、小商圏フォーマットでは扱わない。総合フォーマットは1～2万円を売価上限とし、それ以上の売価の品の扱いをやめる。または慎重に検討する（高額品は家電専門店を買いまわるため）。

②包丁には万能、冷凍用、刺身用、パン切り用、くだもの用など用途別に品目があるが、刺身用など低頻度品を増やすと死に筋が増える。

③業務用を扱うなら棚を分け、隣接して陳列するが、数字は別に出す。

除の場合、❶そのつどその用途に使う消耗品は万能住宅用洗剤などである。❷時々その用途に使う消耗品なら、カビやサビ取り剤などとなる。これらの消耗品は使えばなくなるから来店頻度の高いフォーマットの主力商品となる。しかし❶より❷のほうが購買頻度は低いから、選択肢は少なくする。❸と❹は道具だから購買頻度が低いので、扱うフォーマットは限定されることになる。❺の装置、取り換え用品などの購買頻度は低いが、それがあることで品揃えの完成度が高くなる。たとえば電動シェイバーの隣に取り換え用の刃が売られていたら、継続使用が可能になると確信できて、シェイバー本体の購買決定につながる。

消費者の使う立場で既存商品を分類しなおし、不足している品種を補うことで、便利で楽しい生活提案ができるチェーンストアらしい品揃えの売場をめざしたい。

商品構成

商品構成とは、品目と陳列量の組み合わせ

チェーンストアの人気はまず業態の便利さで決まる。

次は商品のパワーが店の人気を左右する。商品構成の巧みさが消費者を引き付けるのである。

商品構成とは、品目と陳列量の組み合わせのことで、品揃えと同義語である。まずはこの世に存在する無数の品目の中からターゲット客層に必要な、同時に自社にとって有利な品目を選ぶこと。第2段階は選んだそれぞれの品目について、お客が必要とする数量を想定して欠品がないように確保することである。それで棚割りが決まる。商品構成の決定はバイヤーの職務である。

残念なことに多くの場合、バイヤーはお客のニーズを突き詰めていない。現状維持に加え、同業他社と同じような品目を扱うことで満足しているのだ。前任者から引き継いだベンダーが提案してくる品目を、そのまま受け入れている。さらに品目ごとの数量は行き当たりばったりで決められることが多い。取扱い品目に重複が多く、陳列スペースの関係上、1品目は少量ずつしか陳

列できないからである。

売れ筋商品は陳列量を増やすべきだが多品目少量陳列のなかで、売れ筋品目を発見するのは至難の業である。最初から陳列量が少ないのだから大量に売れるはずがないのである。

そのように曖昧なかたちで組み上がった商品構成は、お客のニーズとの間に乖離がある。死に筋在庫と目に見えない機会損失が膨大に発生しているのだが、誰も気にしていないのが現状だ。ベンダーが持ち込んでくる新商品の入れ替え手続きをすることが仕事だと、バイヤーは思い込んでいるからである。

その結果、既存店客数と売上高は減少し続ける。円安傾向のため1品単価は上昇中にもかかわらず客単価は増えていないのだ。消費者が店の商品構成に不満を持っているからである。

オーバーストアが表面化した今日、ここで商品構成を根本的に改革しないと競争に負ける。とくに同一フォーマットの異企業同士で、商品構成が同質化しているから問題だ。革新的な商品構成を確立した後発にフォーマットごと駆逐される危険があることを忘れてはいけない。

ユニットコントロールで商品構成を見直す

アメリカのチェーンストアはフォーマットごとに優良企業が寡占化を進めたことと、ＥＣ専業企業が新たに参入してきたことで、2010年代に商品構成の大幅な見直しを行った。徐々に売場の変更を進めたのだ。こうした商品構成の再編は5年ごとに行われるが、今回は大改革である。それだけビジネス環境は深刻だからである。

日本の場合、20年以上見直しが行われなかったのだが、それは競争がなかったからである。しかし今は違う。改革しなければ競争に負けるのだ。

商品構成の見直しには「ユニットコントロール」手法を用いる。ユニット、つまり商品のグループごとに扱い方を検討する手法である。日本ではしばしばユニットコントロールのことを「単品管理」と訳しているが、その表現は正しくない。ユニットが単品のこともあるが、部門の場合も、品種の場合も価格帯の場合もあるからだ。単品は商品分類の最小単位だが、そこでの調整は微細なもので影響力は小さい。それより大きい単位から検討しなければ改革は進まないのである。ユニットは図表35にある。右から左へ範囲は狭まってゆく。

フォーマット間競争が始まった日本の流通業界では自然発生的に1990年代までに固まった商品部門、そして売場面積の配分こそ決め直さねばならない。図表35の右側の区分から検討を始めるのだ。

主な検討材料は「部門別総括表」である。商品部門ごとの収支計算の結果で、売場1坪当たりの営業利益高で評価される。そこで赤字部門から整理を行う。低頻度品を扱う部門なら部門ごと

図表35 **ユニットコントロールの手順**

(イ)努力の方向　①赤字部門のカットと再編集
②客層が広く販売頻度の高いベーシックな品種だけを徹底して揃える
③効率の悪い「商品ライン」、ついで「価格ライン」をカットする
④売れ筋「商品ライン」と「価格ライン」の品目を増やす
⑤マス化品目〈売れ筋〉を拡大する

——その結果ライン・ロビングできる——（死に筋退治だけでは、ジリ貧となる）

(ロ)区分

部門 ＜ 品種 ＜ **商品ライン** ＜ 価格ライン ≦ 品目（アイテム） ≦ 単品（SKU）

スクラップすることも考えねばならない。

次は品種単位の検討である。品種は手術がしやすい分け方に変更する。

例えばSMの精肉部門の場合、牛肉、豚肉、鶏肉、ハム・ソーセージという分け方も品種分類だが、別の分け方をしたほうが整理しやすい。店での商品加工作業の有無で分けるのだ。生肉は店内でプリパッケージしても、加工肉は商品加工作業が要らないから前者が赤字化しても後者の黒字幅は大きい。それがわかれば黒字化する分類を増やし、赤字化する分類を縮小することで黒字化は可能になるからだ。

1品目ずつ扱うかどうか決めるより、同質の区分、またはグループで決めたほうが方向性は明確になり、リストラ作業の効率は良いし正確なのである。

商品ラインの整理が競争力を高める

次の区分は商品ラインである。品種を価格帯ごとに数種類に区分して成否を決める。ここで十分な時間をかける必要があるのは、お客が最も重視する使用目的別の区分になるからである。

例えば牛肉の場合、100グラム1000円以上の霜降り薄切り肉はすき焼きやしゃぶしゃぶなどの御馳走用だ。ハレの日用だから年に数回の低購買頻度品である。同じすき焼き用でも100グラム600〜700円なら給料日後の月末に毎回購入するかもしれない。

しかし400〜500円台の薄切り牛肉なら、野菜や豆腐と一緒に料理されて日常の食卓に頻繁に登場し、肉として立派に役割を果たす。さらにその下の商品ラインである200〜300円台のものなら、ほかの素材の引き立て役として、より頻繁に利用される。それ以下はスープの出汁として利用されるものだ。

こうして品種を価格帯別を表す商品ラインに区分してみると、どの商品ラインの人気が高いかすぐにわかる。まさにその部分を強化することで品揃えの人気を高めることができるのだ。SKUという最小単位をいくら眺めていても知りえない情報である。

逆に人気のない商品ラインはカットする。100グラム1000円以上の霜降り牛肉を必要な人がいたとしても年に2〜3回の低購買頻度だから常時品揃えすると死に筋になる。したがって自社で扱わず、デパ地下か駅ビルの名店で買ってもらえばよいのだ。

その結果、価格レンジ（売価の下限と上限の幅）は狭くなり、来店客は購買決定がしやすくなるのだ。高いものがあると今回の買い物目的にはそぐわないと思いながらも、安いものを買うことに引け目を感じるからである。購買頻度の高い商品ラインに集中することで売場面積が有効活用でき、競争力が自然に高まるのである。

次に区分するのは価格ラインである。言い換えると売価の種類である。１００円ショップはすべての商品を１００円で売っているので価格ラインは１００円１本である。

現状は価格ラインが多すぎる。品目ごとに異なる仕入れ価格は当然だが、それに一定の値入率を掛け算して売価を決めるからそうなる。しかし来店客にしてみれば10円や50円や１００円の売価の違いがどこから来るのか分からず、それを追究するだけで時間がかかる。買物が苦痛になる悪条件の１つである。

したがって価格ラインは単純化しなければならない。品種ごとに1～3本にまとめれば、来店客は自分の購入目的に合った品質の品を選べるはずである。着眼点は「来店客が買うつもりになれる売価」である。そのなかでも人気の高い価格ラインには品目の選択肢と陳列量を増やすのだ。それで売場がエキサイティングになる。

最後の区分は品目である。品目をＳＫＵと混同してはならない。まったく別のものなのだ。１

品目が10SKUで成り立っている場合もあるし1品目が1SKUだけの場合もある。その違いは来店客にとって代替性があるかないかの違いである。来店客がいつも買っているSKUがない場合、別のSKUを代替品として躊躇なく選ぶなら、それらは同じ品目である。もちろん価格は同一でなければならない。代替性のあるSKUを品目にまとめることで欠品が避けられる。そこで、売れ筋が自然に育つのだ。

この順番でユニットコントロールを進めれば、各商品部門は売れ筋だけが組み合わされたラインロビングが自然に完成するのである。

〝デプス〟で固定客を増やす

品揃えの最重要課題は、売れ筋商品の育成である。お客の来店動機は「何かよいものがないか」などという曖昧なものではなく、定期的に必ず必要になるものを目的買いすることである。高齢化と女性の社会進出と単身世帯の増加は、必要な品を短時間で手に入れるショートタイムショッピングが絶対条件である。買物はエンターテインメントではないのだ。

売れ筋品目が明確になればお客は繰り返し同じ品目を使うようになる。アメリカの調査によると1人の来店客がSMで年間を通じて購入する商品は平均160品目である。売場面積が100

0坪あってもそれだけだ。つまりお客は自分に合った商品を見つけたら、同じものを繰り返し購入する習性があるのだ。年齢を重ねるごとにその傾向は強くなる。

販売数量が売れ筋品目に集中すれば陳列量が増え、売場で目立ち、販売数量がさらに増え、時とともにそれを目的買いする客数は増えることになる。しかもお客はその売れ筋品目を買うと決めているからその商品を手にしたらすぐに次の売場に移動する。そこで迷うことがないので、ほかの品目の購入検討に時間を使えるのである。それは買い上げ品目数の増加につながる。

したがって目的買いの品目が多ければ多いほど、固定客は増える。しかしそれに該当する強力な品目の数は現状ではそれほど多くないだろう。本格的な競争が始まった今こそ、いろいろ揃えることより多くのお客が来店目的にするような強力な品目を育てる必要があるのだ。

売れ筋を育てる品揃えの技術は「デプス（depth）をつくる」と表現する。客層が広く購買頻度の高い売れ筋品種にのみ品目を多くし、そのほかの品種内の品目は絞るのだ。そうすることで売れ筋が目立つ。来店客にとってショートタイムショッピングが可能になるだけでなく、店側にとっては売上高の増加と、限られた売場面積の有効活用ができるのである。

先に述べた通り「いろいろあると（SKU数が多いと）来店客は品揃えに豊富さを感じ、選ぶ楽しみが増えて売上高が高まる」と考えるのは根拠がない。売れ筋品目を選び抜き、欠品なしで数量を確保しているため、来店客にとって欲しいものが確実に入手できる便利な店だから来店頻度と買い上げ点数が増えるのである。

逆に似たような特徴を持つ重複SKUが均等に並ぶ売場、つまりデプスのない品揃えでは、来店客に値段と品質の違いが理解されず、迷わせた挙句に購買決定にまで至らないケースが増える。その結果、総販売数量は減ることがわかっている。欲しいものがいつもと同じ値段で必ず置いてあること。つまりデプスがある品揃え維持こそが、お客が繰り返し来店する条件になるのだ。

デプスのある品揃えを実現すれば総SKU数は自然に減る。しかし人気のある品種グループでは意識的に品目数を増やすべきである。とくに低い価格帯には選択肢を増やす。多すぎてはかえって選びにくくなるので前述したように同じ値段で傾向の違う3品目を比較できることが理想だ。だが、味、色、スタイルに選択肢がいらないものなら1品目でよい。慎重に扱い品目を選択すべきである。

まずは需要の多い品種にデプスをつくる。そこで繰り返し買う核品目を育てることで固定客を獲得したい。

〝ウィス〟で新たな暮らしを提案する

次の対策が「ウィス（width）をつくる」ことだ。これは、来店客の知らなかった便利な暮らし方を提案する手段である。同時に買い上げ品目数も増えることになる。他社が真似できない独自の品揃えを主張することで、来店頻度が増える。つまり客数増加が期待できるのだ。

ウィスとは特定の用途に応じて求められる複数の品種を、同じ売場に揃えることである。使う立場から、これまでに知らなかった新たな品種や組み合わせ方、使い方を提案することで、それらを同時に購入したお客の使い勝手が便利になり、楽しくなるようにすることだ。集め方についてはTPOS分類の項で説明した。図表34で事例を示した通りである。

それとは逆にフォーマットとしてはついで買いの補助部門、たとえばSMの非食品売場、ドラッグストアの食品売場は補助だからデプスは必要だがウィスは不要である。補助部門なのにウィスをつくって関連商品を増やすと死に筋が増えやすいからである。

最近のEC専門業者の進出は小売業への影響が少なくない。しかし品揃えにデプスをつくればベーシックアイテムを購入するために来店の習慣がつく。ネットで注文するより帰宅時に店に立ち寄った方が効率はよいからだ。また、来店時にウィスのある品揃えを目にすることで、来店客が知らなかった便利な商品、または組み合わせた使い方を知ることになる。そこで暮らし向上が期待できることはエキサイティングな体験に違いない。

まずはデプスのある強い分類にウィスをつくる。同時に使う便利な用途の品種を増やして新しい消費者が求める用途の完成度を高めるのだ。取引中のベンダーにその品揃えがないならソーシング活動要員を増員して探す。

競争の激しい米国のチェーン業界では大手各社による消費者のニーズ（必需品）とウォンツ（生活提案品）の追究が進んでいるから、われわれは同じ用途の品揃えから学べばよい。とくに初心者向けの品揃えは日本と比較できないほど進んでいるから勉強になるはずだ。

それから同じ目的に同時に使うものだからこそ味、色、形、ルックなどをコーディネートさせたほうが楽しく使うことができる。ここで他社と差別化するのだ。

品揃えのゴールは、他社にできない品揃えを実現することだ。同質競合から脱却し、始まったばかりの競争時代を乗り越えるための有効な手段である。

商品そのものでスペシャリティを発揮するには独自の商品開発によるプライベートブランド（ＰＢ）商品を軌道に乗せねばならないが、それ以前にまずデプス、次いでウィスをつくることで、仕入れ商品の効果的な組み合わせだけでもスペシャリティを主張できる。

製造業が競って優れた製品をつくるのは好ましいことだ。新製品が数多く開発されるのもよい。しかし星の数ほどあるそれらの製品の中から、小売業がサーブする対象のお客に代わって、最適な品を選び抜くのだ。適切なものがなければ自社でＰＢ商品を開発する。それがわれわれの使命であることを忘れてはならない。

重点管理すべきステープルアイテム

「ステープルアイテム」は流通業の品揃え上、最も重要な扱い商品群である。長期間安定して売れ続ける、逆に言えばお客が繰り返し買いに来る品だから、品揃えの核となりうる重要な商品群である。

長期間とは13週以上のことで、年間、つまり52週ではない。13週単位で、①品質、②売価、③調達先、④陳列量、⑤陳列位置、⑥プレゼンテーションの手法を見直し、その都度改善が行われるものだ。

見直しの結果として52週扱う品目もあるが、季節変動や競争関係の変化などで期間が短くなる場合も多い。チェーンストアのバイヤーが重点的に管理するポイントとなるのが、このステープルアイテムである。

日本では「定番商品」として年中変わらず、同じ取引先から同じ品目・量を惰性的に購入し、売場の同じ位置に同じように通年陳列しているものを指す。だから5年たっても10年たっても進化がない。バイヤーは旧担当者から引き継いだまま、何の手数もかけていないからだ。

日本の流通業でも実際の稼ぎ頭はステープルアイテムである。ところがバイヤーは新商品やトレンド品の調達に時間をかけ、ステープルアイテムをより良くしようとはしない。

次に、チェーンストアならステープルアイテムは最優先で欠品を防ぐ。目的買いの商品が多いため、その欠品が店の信用を失墜しかねないからである。新商品やトレンド品がなくてもお客は困らないが、ステープルアイテムはなければ困るのだ。

ところがこの点にも日本の流通企業は無関心である。もともとステープルアイテムを精査しないから死に筋が多い。そのために販売量と陳列量が比例しておらず、何が欠品しているのか分かっていないのだ。したがって欠品対策が進まない。

ステープルに対する店側の関心も低いため、商品部に追加要求もしないのである。

一方、アメリカチェーンのバイヤーはステープルに最も多くの時間をかけている。それこそ競争の武器だから、同業他社だけでなく、同じような品種を扱う他フォーマットと比較しながら、死に筋をカットし、より有利な品目が調達可能なサプライヤーをソーシングし、品目を刷新する。

それぞれの陳列量は販売データに基づいて修正する。欠品を防ぐには販売量と陳列量を正比例させなければならないからである。それによって棚割りを変更し、店に指示書を送る。

13週に1回、この作業を繰り返すことで、棚効率が改善されて、ステープルアイテムは他社と差別化しながら核商品に成長し、確実に利益を生むのである。

シーゾナル企画で需要を寡占する

ステープルアイテムは13週以上の長期扱い品目だが、「シーゾナル（seasonal）アイテム」はその対極にあり、その扱いが13週未満となる。多くは2～6週の短期扱い品である。

なぜ短期間になるか、その理由は長期間扱ってもそれほど多くの需要がないからである。例えば「季節品」はその時季が来れば大いに需要があるが、時季を過ぎると一挙に売れなくなる。季節品を英語では「シーゾナブル（seasonable）アイテム」というのだが、シーゾナルと言葉が似ていて紛らわしいので「季節品」と表現する。

シーゾナルの中には季節とは関係なく、ステープルで扱ってもそれほどの需要がないから、短期間だけ臨時に品揃えをするものがある。必需品だからいつ扱ってもいいが、13週以上継続して品揃えに加えても販売数量が少ないので棚効率が悪くなる品種グループである。

季節品の多くは13週未満の扱いだからシーゾナルである。しかし防寒用品の一部品種、例えば寝具など、冬場の限定品でも13週以上扱う品がある。それはステープルである。つまりステープルとシーゾナルはあくまで扱い期間による区別である。

ガーデンはホームセンターや日本型スーパーストアが常設売場を持ち、ステープルとして扱っている。しかしアメリカのディスカウントストアは一般家庭向けのガーデン用品では最大の占拠率を誇っているが、それらの多くはシーゾナルアイテムである。

植物の苗はステープルではない。道具の一部も低購買頻度品はステープルではなく、シーゾナルとして期間限定で扱うのだ。

チェーンストアはシーゾナルの品揃えのために催事売場を用意している。ディスカウントストア、スーパードラッグストア、バラエティストア、メガホームセンター、百貨店など非食品主力のフォーマットなら、売場面積の3割前後をシーゾナル売場として確保している。その面積にはゴンドラエンドも含まれる。また、SMなど食品フォーマットなら売場面積の1割をシーゾナルのために確保しているのだ。

シーゾナルまたはプロモーショナルと売場表示されるが、商品は年間のスケジュールに従って入れ替わる。だからお客にとっては来店のつど新たな提案が待っている玉手箱のような楽しい売場である。

シーゾナルは年間15~25回、前年に商品調達が間に合うだけの余裕を持って企画される。そのためステープル担当者とは別に、シーゾナルバイヤーがいる。

図表36のようにシーゾナルのテーマは季節品が(イ)祝祭と(ロ)季節のニーズに分けられる。祝祭は日が限られるから最優先に割り当てられ、その後で季節品の割り当てになるが、いずれも客層が広いテーマの高購買頻度品を重点的に品揃えする。その品揃えが他社との差別化につながり、周

図表36 シーゾナル企画

A. 事例

(イ)シーゾナブル(季節品)

(イ)祝祭

①年末年始
②節分
③バレンタインデー
④彼岸
⑤節句(奇数月)
⑥母、父、敬老の日
⑦盆
⑧ハロウィン
⑨クリスマス
⑩イベント後のダイエット
など

(ロ)季節のニーズ

①防寒
②ひとり立ち
③新学期準備
④屋外レジャー、水あそび
⑤ガーデン
⑥梅雨(防雨・防湿、ヒマつぶし)
⑦衣替え
⑧納涼
⑨中元・歳暮・あいさつ
⑩里帰り
⑪防虫対策
⑫年末の大掃除
⑬受験勉強
⑭除雪、カーケア
⑮化粧

(ハ)食材の旬(調理と食べる道具も)

(ロ)シーゾナル

①収納　②衣類整理(引出しの中身入れ替え)
③DIY　④必需品のタバ売り
⑤PB・SBのアピール(NBとの価格比較も)　など

B. シーゾナル企画 ―――― 年間15～25回
まずシーゾナブル、あいている期間にシーゾナル
[エキサイティングな売り場づくりの決め手]

C. 効果

(イ)客にとって

①客が気がつく前に必需品を提案してくれる
②品ぞろえの変化でエキサイトメントを感じる
③思いがけず便利な品の発見

(ロ)店にとって

①短期間で品種の寡占(他社では売れなくなる)
②買上品目数の向上
③ステープルの死に筋排除
④死に筋商品管理の人時数減

辺の需要を寡占するのである。

年間スケジュールの空いた部分を埋めるのが純粋のシーゾナルの企画である。フォーマットとしてステープルで扱うと効率が悪いので、年間の数週間、期間限定で扱うことで一挙に需要を寡占し、低効率を我慢して長期間扱う以上の効果を上げるのだ。

コレクション特売で需要を喚起

シーゾナルの品揃えは「コレクション特売」方式である。消費者のTPOSに基づいて関連品種を集めるのだが、その際に高額品は含めない。品種ごとに低価格帯の品目だけを徹底して品揃えすることが重要とされている。

シーゾナルのコレクション特売は、日本でも百貨店の催事場で今でも時折行われている。例えば「喪服フェア」として、常設売場より低い価格帯の喪服の、スタイルとサイズを数多く取り揃えて特売する。その際に喪服と同時に身につける黒い靴とバッグ、真珠のネックレス、ブローチ、手袋、数珠など関連商品を低価格帯で揃えている。

またコレクション特売の時ばかりは広告を出す。日ごろ扱いのない品種グループを広い面積で扱うからこそ、周辺住民にその臨時の商品企画を広く知らせて来店してもらわねばならないのだ。

最近は値下げ広告ばかりが目立ち消費者は見飽きている。シーゾナルのコレクション特売広告こそ、お客の来店を促す効果があるのだ。

お客は広告とシーゾナル売場でコレクション特売の品揃えを目にして需要を喚起される。品揃えが豊富な上に値段が安いから、今のうちにすべて買い揃えておこうと思う。その需要を根こそぎ押さえた結果、同じ商勢圏内のその品種を扱う他社の売場で、半年間まったく売れなくなるほど周辺需要を寡占できる。それがシーゾナルの醍醐味である。

日本の店は欧米のチェーンストアに比べて利益率が低過ぎる。その原因を不動産コストの高さのせいにする人もいるが、高いなら面積を有効に使えばよい。そうしていないことが問題なのだ。

売場ではステープルなのに死に筋だらけで、数少ない売れ筋品目の陳列量が減らされる。その補充分の在庫が後方に山積みになっている。死に筋になるならシーゾナル企画に移すべきだが、その検討がないのだ。

さらにシーゾナル企画が旧態依然としている。祝祭の企画は参加する商品部門が限定され、客層拡大がない。例えばクリスマスなら、クリスマスツリーとその装飾品とおもちゃばかりで、人が集まるときに必要な品と大人用がそろっていない。

また季節のニーズなら「小学1年生の新入学」用にランドセルと式服と学童机ばかり熱心に売ろうとするが、それより上の年齢の学童や中学・高校の生徒、大学生の方が圧倒的多数なのに、彼らの新学年や新学期の需要はまったく考えていないのだ。

まずはステープルの確立が先である。数値目標は坪当たり営業利益高が10万円を超えることである。それができないなら低頻度品を品種グループごとシーゾナルに移行することを検討する。この区別がないことで効率の低下を招いているだけでなく、大きな機会損失が生じていることを忘れてはならない。

おわりに――未完の流通革命

流通革命の本質

〝流通革命〟は1960～70年代に頻繁に使われた言葉である。しかし、まだその革命は成就していない。できたのは流通革命の準備段階である企業規模の拡大「ビッグストアづくり」までだ。それを基盤に2000年前後には本格的なチェーンシステムへの転換が予定されていたが、まだ完成していないのである。

今世紀に入ってすでに20年あまりが経過したが、流通革命は忘れられ、従来型の支店経営方式を踏襲するという逆行現象さえ起こっている。それでうまくいくならよいがそうなるはずがなく、企業の業績は悪化の一途をたどっている。

一方、チェーン化に向けてバーティカル・マーチャンダイジング・システムと、ローコストなマス・ストアーズ・オペレーション・システム構築に努力している企業は存在する。まだ完全ではないにしても、それらの企業は危機感を持って改革に取り組んでおり、確実に業績を向上させている。オーバーストアにより、どの企業もかつてのような集客力を発揮できない中で、新たな仕組みづくりに向けていち早く舵を切った企業が競争に勝つのだ。

ここで流通革命の本質を再確認したい。もうできているという錯覚と、方法論への無理解を解消しておきたいのである。

流通革命がめざすものは、日本人が経験したことのない豊かな暮らしの提案だ。それは商品で実現される。新たな商品とその組み合わせの提案である。普通の消費者が、革新的な商品を店で発見し、購入し、使うことで便利に楽しく暮らせる状態をつくることである。そうすれば現状の不便さの解消だけでなく、新たなＴＰＯＳにも挑戦できる。

たとえば、仕事を持つ主婦にとって家族の食事の準備は簡単ではない。栄養バランスのよいメニューを考え、計画的に食材を購入し、仕事で疲れ果てて帰宅した後に、調理作業が待っている。しかし下ごしらえ済みの食材、または調理済みで冷蔵、冷凍されたものを購入できれば、便利で楽しいはずだ。調理しなくて済めば時間的余裕もできるから、家族との団欒、スポーツや手芸、観劇など新たなＴＰＯＳに挑戦できるのだ。

このようなレディー・ツウ・イートの商品は日本には少ない。しかし欧米のチェーンストア先進国ではＳＭチェーンが独自に開発して、年々便利になり味も向上している。

日本でも１９６０～70年代、当時のチェーンストア志向企業はまだビッグストア化を進めている段階だったが、新たな生活提案をすることで大衆の人気を独占していた。その事例は第1章で述べた通りである。これらの革新的な商品を開発、普及させたかつての革新派がいまや保守派になっていることが残念である。

営業対策を抜本的に変える

営業対策を長期計画化した「営業企画」は、チェーンのマーチャンダイジング活動の効果を高めるために必要不可欠なものである。

日本でもPBやSB開発の事例が増えているが、的を射た商品のなかにも軌道に乗らずに消え去ってしまうものが少なくない。

それは商品部、店舗運営部、販促部、物流部、店舗開発部など多くの部署が別々に営業活動をしているために、個々の努力が報われないことが原因の場合が多い。

欧米のチェーンストアは5年後、10年後を見据えて立案された営業企画に基づいて、分業して営業活動を行うから、総合効果が発揮できるのである。

一方、日本ではそれがないから、売上高の変動をみて、そのつど思いついた短期決戦型の営業対策をそれぞれが実行する。応急処置に追われるため効果測定もなく、したがって反省もなく、報われない努力を続けているのである。その悪循環を断ち切るために、あらゆる営業対策を一本化した営業企画を立案しなければならない。

チェーンストアの営業活動は計画で分業したとおりに粛々と進めることで、計画どおりの成果が達成できるのだ。その結果、チェーンストアの既存店売上高は年間数パーセントずつ向上する。商品の進化で客数が増え、買い上げ品目数が増えるから、売上高は自然に増えるのである。

営業企画は、あらゆる営業対策を一本化し、長期計画化するものである。その内容は対策の追加よりも、対策の転換をめざすものである。言い換えると時間をかけて現状否定の大手術をすることである。

1960年代以降、多くの流通業がそれまでになかった経営戦略で急速成長した。だが企業としての基盤が整った今日こそ、綿密な営業企画の立案が必要である。

その内容は第一に、現状の売場構成変更の立案である。競争による既存フォーマットの衰退と後発フォーマットの台頭で、自社のあるべきかたちを決め直さねばならない時期に差し掛かっている。さらに競争に勝ち残るためには人口動態の変化とその暮らしの変化を予測して、新たな商品分類の独立と拡大、逆に統合と縮小を立案し、計画的に実行しなければならない。

さらにその先はフォーマットの転換や新設といった新たな経営戦略に発展するはずである。店舗開発は3~5年先の出店を決めるわけだが、そのためには5年後の営業政策の見とおしがなければならない。現状ではこのような長期的な営業対策が後手に回っているために、1960年代以降急速成長したフォーマットが衰退に向かっているのに歯止めがかからないのである。

次に、商品政策の抜本的改革案の起案が必要である。それに基づいた商品を企画する。競争を意識した新たな価格政策のもと、プライスポイントの設定を全部門、全品種で修正しなければならない。当然に、集荷ルートの開拓、PB開発計画がそれに続く。

ここで問題なのは、PBの開発の単位である。①単品なのか、②品種グループ単位なのか、③TPOSの単位なのか。商品部門を横断して実行しなければならないから、商品部任せにはできない。さらに優先順位も問題である。

現状では営業企画なしに商品部の各部門がばらばらに開発計画を立てているために、店全体の価格帯や品質のレベルが統一されておらず、企業全体としての営業効果が発揮できていない。それだけでなく、商品部がやりやすいものから手を付けるために、将来への対策が遅れるのである。

チェーンストア経営では一部のサービス職務を除いて大多数の職務が営業に関係してい

る。お客と直接接する店段階の従業員だけが営業活動をしているのではない。

その分業のしかたは大きく分けて2種類になる。まず商品が自然に売れていく状態をつくる職務は①店舗開発②レイアウト担当③営業企画担当④商品部⑤社内ディストリビューター⑥物流担当⑦店長（現場における商品管理の完全実行）⑧IT担当などである。

一方、売る努力をするのは店長ではなく①営業企画担当②販促担当③商品のプレゼンテーション担当などである。

営業企画担当は両方に関わり、商品が自然に売れていく仕組みづくりとその売り込みに責任を持つ。もちろんその担当者はオペレーションライン（店舗運営部）もクリエイティブライン（商品部）も経験したベテランであることが条件である。

年間の営業企画は1週間単位で週末ごとに評価し、計画を修正するウイークリー・マネジメント方式で予定どおりの結果を出す。だからアメリカのチェーンストアは毎年確実に進化するのである。

第4次産業革命の恩恵を受けるために

年号が平成から令和にあらたまった今、新しいテクノロジーの急速な普及により、かつてないほどに社会が変わりつつある。それは18世紀のエネルギー革命の「第1次産業革命」から始まって、19世紀後半から20世紀初頭までの機械による大量生産体制を樹立した「第2次産業革命」、20世紀後半からのコンピューターやインターネットの活用による「第3次産業革命」に次ぐもので、21世紀からの「第4次産業革命」と命名された高度な産業構造の再編による変革である。

それはイノベーションの混合体がより効率のよい産業構造を生み出す、これまでの産業革命が為しえなかったほど大規模なものだ。リアル店舗かECかといった二者択一の競争ではない。商品とその提供方法が根本的に変わるかもしれないのである。

第4次産業革命は、新しいテクノロジーの成熟によりコストが下がり、実用化が進むことで起きている。

主な内容は8つだ。1つめは、プログラム化と暗号化された取引台帳により誰もが正当性を検査できる仕組みだ。その応用例の1つとしてキャッシュレス化が急速に進行中である。2つめはビッグデータの活用だ。おかげで天気予報など多くの予測が正確になった。もちろん販売数量予測も確実になる。3つめはセンサーの小型化と低価格化。これを使って店頭での精算作業を廃止する方法の開発が進み、複数の企業が実験中である。日本でも見られるようになった駐車場ゲートの廃止もその成果である。

4つめはAIの活用だ。キマリさえ決めておけばAIは正確に判断できるから、さまざまな場面で実用化されている。5つめはロボットの活用で、ほかの産業ではすでに人手不足の解消に役立てられている。

6つめは高性能な3Dプリンターだ。これにより商品開発にかかる期間が一気に短縮される。7つめは新素材の開発で、専門分野を超える広い範囲で進んでいる。これにより既存の商品の形が様変わりするはずであり、結果としてモノの値段は下がると予測されている。8つめの新テクノロジーを組み合わせてできるシェアリングエコノミーも新たなサービスが次々と登場している。

もちろん便利になることが多いため、企業規模拡大に大いに貢献する。その一方で、急速な変化に追いつけなくて取り残される企業も少なくないはずである。

つまり企業が成長するには第4次産業革命の恩恵を受けなければならないのだ。流通業として何をどのように導入するかはチェーンストア業界で世界トップのウォルマートをはじめ大手企業が複数のシステムを実験中である。同社はかつての社名ウォルマート・ストアーズからストアーズを取って改名したが、それはチェーンストアから〝大衆の暮らし向上提案産業〟に変貌しようとしているからである。トヨタ自動車が製造業から便利に楽しく移動できる方法を開発する〝モビリティ・カンパニー〟に変貌しようと試みていることと同じである。

ほかにもアマゾン（Amazon.com）などの新規参入組が新システムの実験を開始しているため、その成功例から学ぶべきだがそれには準備が必要だ。新テクノロジーを導入する受け入れ態勢をつくることが最優先課題である。

本物のチェーンストアになる

その準備とは、支店経営から本物のチェーンストア経営に移行することだ。その違いは本書で繰り返し述べてきた。

一言で言えば個人がその場でその都度最良の選択をする個店経営ではなく、本部の専門家が専門分野について最良のキマリを決め、店はそのキマリどおりに実行し生産性を高めるチェーンストア経営システムに変えることである。

専門家とは知識と経験がほかの誰よりも豊富な人材である。その専門家が最新の方法を学び、実験を繰り返し、時間をかけて、全店で楽に低コストで実現できるシステムを開発する。その結果、全店を同じように最良の状態に維持でき、計画どおりの成果が上げられるようになるのだ。

そのために店づくりは、お客が買物しやすい環境を整え、来店動機を生み出す品揃えを提供し、同時に店側の従業者が業務・作業しやすい店舗面積や設備を用意する。結果として店は標準化されるのである。

現状は1店ごとに立地条件も店舗面積もまちまちである。したがって客数が店ごとに異なる。品揃えも店ごとに変えざるを得ないから客単価も店ごとに違うのだ。だから売上高もまちまちになる。

このような支店経営の場合、先に述べたような新テクノロジーは導入不可能である。個店対応が必要なため、100店あれば100のシステムが必要になるからである。チェーンストアなら標準化しているから1つのシステムが100店分も1000店分もカバーするため店数が増えれば増えるほど1店分のシステム・コストは下がるが、支店経営なら店を増やすつど、新たな投資が必要になるからその差は次第に広がってゆく。

チェーンストアなら店が標準化しているから生産性の高い棚割りを決めるためにビッグデータやAIが活用できるが、これも店ごとに決めるならコスト高になる。加えてサンプル数が少なすぎて信憑性も欠けてしまうのだ。

だからチェーンストア経営システムの構築を急がねばならない。支店経営を続けるなら競争に負けることを覚悟しなければならないのである。

［フォーマット略語解説］DS＝Discount Store、SuC＝Supercenter、MWC＝Membership Wholesale Club、SDgS＝Super Drug Store、SSM＝Super Supermarket、OPS＝Off-Price branded Store、Dept.＝Department Store、VS＝Variety Store、FFS＝Fast Food Service、HFaS＝Home Fashion Store

フォーマットと店数
DS 386＋SuC 3,570＋MWC 599＋SSM 698＋その他115＋海外5,993＝11,361
SDgS＋調剤その他＋Target店内調剤＝9,967
MWC 527＋カナダ100＋その他海外135＝762
SDgS 9,451＋海外4,876＋海外メガネ394＝14,721
SSMなど食品フォーマット 2,764＋SS（宝飾）253＝3,017
メガHC 1,981＋カナダ182＋メキシコ124＝2,287
DS＋SuC＋小型フォーマット＝1,844
メガHC 1,723＋カナダ279＋メキシコ13＝2,015
SSM 2,269
家電専門店 997＋その他29＋カナダ177＋メキシコ35＝1,238
OPS 2,343＋ホームファッションOPS 800＋海外1,163＝4,306
SSM 1,211
Dept. 619＋HFuS 60＋OPS 24＋化粧品SS 163＋その他1＝867
VS 15,370
カフェ14,606＋海外14,718＝29,324（内直営 15,341＋ライセンシー 13,983）
VS Dollar Tree 7,001（カナダ含む）＋Family Dollar 8,236＝15,237
SDgS 2,469
FFS 13,914＋海外23,941＝37,855（内直営2,770＋FC 21,685＋ライセンシー 7,225＋関連会社6,175）
Jr. Dept. 1,159
アパレルGap 758＋同海外（カナダ含む）484＋Old Navy 1,139＋同海外15＋Banana Republic 556＋同海外45＋その他197＋海外FC 472＝3,666
Dept. 115＋カナダ6＋OPS 240＋カナダOPS 6＋他12＝379
OPS 1,717
インティメートアパレル1,098＋同海外124＋トイレタリー 1,619＋同海外102＋FC 674＝3,617
MWC 216
HFaS BB&B 994（カナダ含む）＋Cost Plus World Market 277＋buy buy baby 124＋その他138＝1,533
GMS 864
オート5,618＋メキシコ564＋ブラジル20＝6,202
オフィスサプライ・ディスカウントハウス 1,364
オート4,948＋カナダ161＝5,109
オート5,219